シリーズ「遺跡を学ぶ」148

吉備の超巨大古墳
造山古墳群

西田和浩

新泉社

吉備の超巨大古墳
―造山古墳群―
西田和浩

【目次】

編集委員
勅使河原彰（代表）
小野　昭
小野正敏
石川日出志
小澤　毅
佐々木憲一

装　幀　新谷雅宣
本文図版　松澤利絵

第1章　超巨大古墳がなぜ岡山に？

1　造山古墳の魅力

自由に入れる日本一大きい古墳

岡山市の造山《つくりやま》古墳（**図1**）は全国第四位の規模で、自由に立ち入ることができる日本一大きい古墳である（**表1**）。三段築成の前方後円墳で、墳長はおよそ三五〇メートルある。近くにある総社市の作山《つくりやま》古墳と同じ読みなので、地元では「ゾウザン（造山）」・「サクザン（作山）」とよびわけている。

三〇〇メートルを超える大王墓級の前方後円墳を自由に歩いて観察できる点が造山古墳の大きな魅力だ。しかし、実際に訪れてみても、事前に調べていなければどこをみていいのか、見所がよくわからない。そしてあまりに巨大なので歩きまわるだけで一苦労だ。

ここでは、実際に訪れたい人に役立つよう、造山古墳の見学ポイントを紹介したい（**図2**）。

図1●造山古墳空撮（東から）
前方部前端にみえる谷は、尾根を切断した痕跡。後円部は直径206m、高さ29.7mで、前方部は前端216m、高さ22.5m。そのむこうに陪塚群が広がる。右端にみえる丸い水田は新庄車塚古墳の跡。

表1●巨大古墳一覧
墳丘規模（周濠を除く）の1～10位はすべて前方後円墳である。このなかで自由に立ち入りできる古墳は造山古墳・作山古墳のみとなる。五条野丸山古墳は後円部の中心には入れない。

順位	古墳名	所在地	時期	墳長(m)	備考
1	大山古墳	大阪府堺市堺区大仙町	中期	486	現・仁徳天皇陵
2	誉田御廟山古墳	大阪府羽曳野市誉田	中期	420	現・応神天皇陵
3	石津ヶ丘古墳	大阪府堺市西区石津ヶ丘	中期	365	現・履中天皇陵
4	造山古墳	岡山県岡山市北区新庄下	中期	350	
5	河内大塚山古墳	大阪府松原市・羽曳野市	後期	335	陵墓参考地
6	五条野丸山古墳	奈良県橿原市五条野町	後期	318	後円部中心部が陵墓参考地
7	渋谷向山古墳	奈良県天理市渋谷町	前期	310	現・景行天皇陵
8	土師ニサンザイ古墳	大阪府堺市北区百舌鳥西之町	中期	288	陵墓参考地
9	仲津山古墳	大阪府藤井寺市沢田	中期	286	現・仲姫命陵
10	作山古墳	岡山県総社市三須	中期	282	

歩く時期は、マムシや蚊が多い夏期をさけ、晩秋から冬がおすすめだ。

造山古墳駐車場から、西にみえる小山にむかって道を歩く。この山が造山古墳である。道の途中で登り坂がはじまる。坂と平坦地は集落を南北に通る道路を境にしており、この道路が墳丘の範囲（墳端）をあらわしている。

さらに坂を上ると途中から階段になる。階段を上りきると、ここは三段目（最上段）にあたる。最上段の規模だけでも、墳長二六〇メートル、後円部の直径が一三〇メートルにもなる。右に進むと後円部へ、左に進み石段を上がると「荒《こう》神社」がある。

後円部からの眺め

後円部にむかって歩くと、後円部の斜面が削られて平らになっている場所がある。これは曲《くる》輪《わ》の跡といわれる。戦国時代、織田軍と毛利軍が対峙し、羽柴秀吉の「中国大返し」や水攻めで有名な「備中高松城の戦い」の際、毛利方の砦として利用された跡とされる。造山古墳から北の庚申山陣跡には吉川元春《きっかわもとはる》、南の日差山《ひさしやま》城跡には小早川隆景《こばやかわたかかげ》が布陣したらしい。

後円部の墳頂部に登ってみる。縁の一部が高くなっているのは土塁《どるい》の跡である。ここからの眺望は素晴らしく、東に目をむければ足守川《あしもりがわ》流域に広がる平野を一望できる。

足守川流域の平野には山陽自動車道建設工事の際、古墳時代の集落跡が広くみつかっている。対岸には、最上稲荷《さいじょういなり》の赤い大鳥居がみえる。備中高松城はこの大鳥居から左にある。北に目を転じてはるか先、山頂の山肌が露出しているあたりが古代山城「鬼《き》ノ城《じょう》」である。

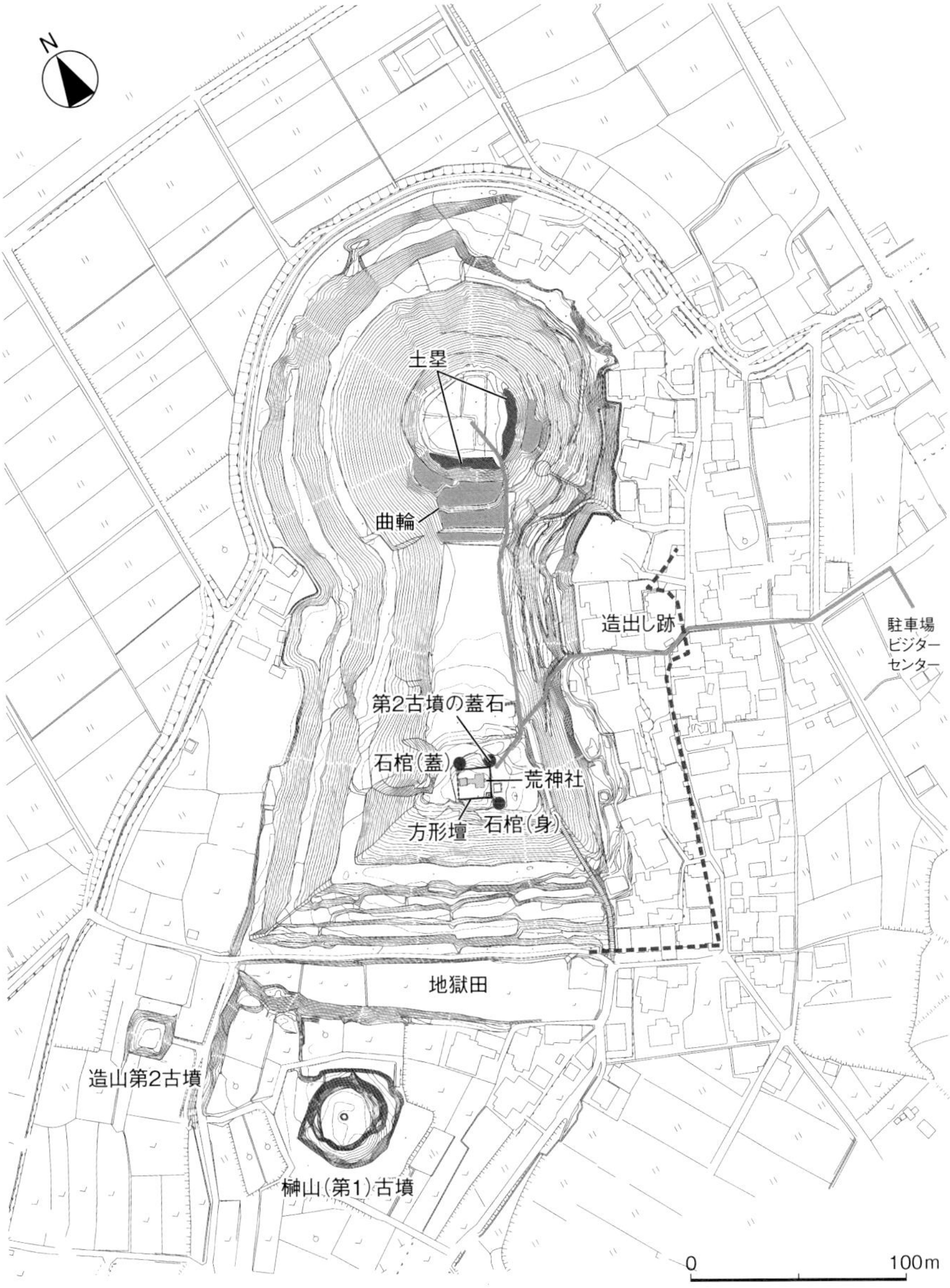

図２● 造山古墳の見学ルート
墳丘東は宅地化で失われている。見学にはうぐいす色で示したルートが利用しやすい。前方部に説明板や石棺がある。墳丘主軸は真北ではなくやや東に傾く。地獄田とよばれる谷は造山古墳築造のために尾根を切断した跡で、この谷を周濠の痕跡とする見方がある。

墳頂部の中心には埋葬施設があるはずだが、その規模や位置は不明だ。墳頂部が過去に畑として利用された際、ここから古銅輝石《こどうきせき》安山岩が出た、という話がある。古銅輝石安山岩は香川県で産出する石材で、吉備の古墳で使用される（本書では「安山岩」とよぶことにする）。造山古墳後円部の埋葬施設は竪穴式《たてあなしき》石室の可能性が高い。

前方部の石棺

つぎに前方部の荒神社へむかう。ここは見所が多い観察ポイントだ。

神社の地面は周囲よりも高くなっている。一辺一五〜二〇メートルのこの高まりは方形壇《ほうけいだん》の痕跡の可能性がある。前方部に壇をもつ巨大古墳は、古墳時代前期で奈良県の西殿塚《にしとのづか》古墳、中期で大阪府の石津《いしづ》ヶ《が》丘《おか》古墳（履中陵《りちゅうりょう》古墳）・誉田御廟山《こんだごびょうやま》古墳（応神陵《おうじんりょう》古墳）と少ない。方形壇は格の高い一部の古墳にかぎられる特徴といえる。

ここには造山古墳の説明板がある。その近くに前方部から出土したと伝わる石棺がおかれている（図3）。石棺は「身《み》」とよばれる遺体を置くパーツで、阿蘇溶結凝灰岩《あそようけつぎょうかいがん》の巨石をくり抜き、棺底は一方が枕のように少し高くなっている。

外面小口には四角い突起が彫刻されている。畿内の長持形《ながもちがた》石棺は板石を組み合わせ小口に縄掛け突起とよばれる突出部がある。これをまねて表現したのだろう。高木恭二《きょうじ》の分析によると、石棺の製作地は熊本県宇土《うと》市の馬門《まかど》と推定される。また、神社の石垣の一部に阿蘇溶結凝灰岩が使用されていることを同氏が確認している。石棺の破片を利用したのだろう。

石棺は身と蓋《ふた》でセットになる。これと対になる蓋が近くにある。蓋は長さ一二〇センチ、幅一〇五センチ、厚さ約三〇センチの破片となって残る。内面には赤色顔料が残る。宇垣匡雅《ただまさ》の観察によると、小口面に線刻があり、直弧文《ちょっこもん》と推定される。このほか第二古墳の埋葬施設の蓋石とされる大きな安山岩の板石がおかれている。

丘尾切断の墳丘

前方部から南をみると谷をはさんで榊山古墳《さかきやま》（第一古墳）がみえる（図１・５）。その奥には現在整備中の千足古墳《せんぞく》（第五古墳）、西（右）に第二古墳がみえる。いずれの墳丘も造山古墳より低位置に築造されているから、造山古墳は千足古墳たちをしたがえた感覚になる。榊山古墳がのる丘陵と造山古墳はかつて一続きの尾根だったことが、測量図をみるとわかる。尾根を人工的に切断し、切り離した尾根を加工して、

図３●前方部の石棺
巨石をくり抜いてある。長さ約239cm、幅115cm、高さ75cm以上、側面の厚さが20～30cmある。石材は九州・宇土半島産の阿蘇熔結凝灰岩。写真奥側棺底の一方は枕のように高くしてある。小口にある四角い突起は畿内の長持形石棺をまねている。

造山古墳が築造されたことを示している。

切断の跡には、地獄田《じごくだ》とよばれる浅い谷が残されている（図2）。谷は前方部前端と平行にのび、丘尾《きゅうび》切断に要した人員や道具を想像すると、動員された労働力がどれほどのものだったのか、吉備の王の実力を実感できる。造山古墳築造時には日本最大の古墳、大山《だいせん》古墳（仁徳《にんとく》陵《りょう》古墳）は存在しない。造山古墳は、石津ヶ丘古墳（履中陵古墳）や誉田御廟山古墳（応神陵古墳）に埋葬された倭の大王たちにとって、無視できない存在だったのではないか。

造山古墳のような大きな主墳のまわりに中小の古墳が配置されるとき、これらの古墳を陪《ばい》塚《ちょう》とよぶことがある。陪塚は王の親族や有力な従者など王を支えた人物の墓とされる。

造山古墳を降りて、陪塚群にむかうには、東側の石段を下るか、西側の前方部コーナーに沿って下るかの二つのルートがある。石段を下ると右手に前方部が確認できるが、畑などで削られているため段築は観察しづらい。一方、西側のコーナーを下ると、西側面の段築をよく観察できる。また、一段目のくびれ部にある造出《つくりだ》しもよくみえる。

造山古墳を降りた後は、第二古墳または榊山古墳が最寄りの古墳となる。工事中の千足古墳以外は自由に立ち入ることができる。古墳観察の際には、マムシがいるので注意すること、古墳に隣接する畑などの民有地に無断で立ち入らないこと、埴輪や土器などが落ちていても拾わないこと、に注意して歩いてもらいたい。また、造山古墳全体を写真に撮りたい人は、北側の新庄上（新庄車塚古墳周辺の道路）から眺めると三段築成の姿がよくみえる。

2　造山古墳の生まれた舞台

吉備の大王墓

本書では、畿内の巨墳に比肩する超巨大古墳がなぜ岡山に築かれたのか、その背景に迫っていきたい。

造山古墳は岡山市北区新庄下《しんじょうしも》にある（図51参照）。倉敷市・総社市との市境、岡山屈指の遺跡集中エリアである。

この超巨大古墳を吉備の大王墓とみて異論はないだろう。造山古墳近く、南の低丘陵に陪塚とされる六基の個性的な古墳が築かれる（図5）。ただし、第二古墳は五世紀中ごろの築造で、五世紀初頭につくられた造山古墳と同時期ではなく、陪塚とは考えにくい。造山古墳とこれら六基をまとめて「造山古墳群」とよぶ。

西川宏は、造山・作山古墳について、吉備各地の地域集団からなる連合政権を吉備政権とし、その連合政権の最高首長の権力を象徴するものと評価し、陪塚の概念の定義や被葬者の性格について検討した。これらの成果は『吉備の国』（学生社）の一書にわかりやすくまとめられている。西川の論考は一地方の枠にとどまらない、現在も読まれるべき基本文献と評価されることに異存はないだろう。

造山古墳群は、一九二一年（大正一〇）三月三日に国の史跡に指定された。指定名称は「造山古墳　第一、二、三、四、五、六古墳」である。このうち前方後円墳は造山古墳のみである。第四古墳と千足古墳（第五古墳）は帆立貝形《ほたてがいがた》古墳、第二古墳は方墳、榊山古墳（第一古墳）・第三古墳・第六古墳は円墳とされる。ただし、墳形が確定しているのは造山古墳と千足古墳のみで、ほかは今後の調査によって規模や墳形が変わるかもしれない。帆立貝形古墳とは前方後円墳のなかで前方部が短く、上からみるとホタテ貝のようにみえる古墳のことである。前方部を短くするのは、前方後円墳の築造を許されず、規制を受けた結果という見方がある。

遺跡の宝庫、足守川流域

造山古墳群は、足守川の西岸、北と西に三須《みす》丘陵、東は黒住《くろずみ》丘陵にはさまれた谷の中央に突き出した標高一〇〜四〇メートルの低丘陵上に立地する（**図51参照**）。造山古墳にかぎらず吉備の古墳は丘陵を利用して

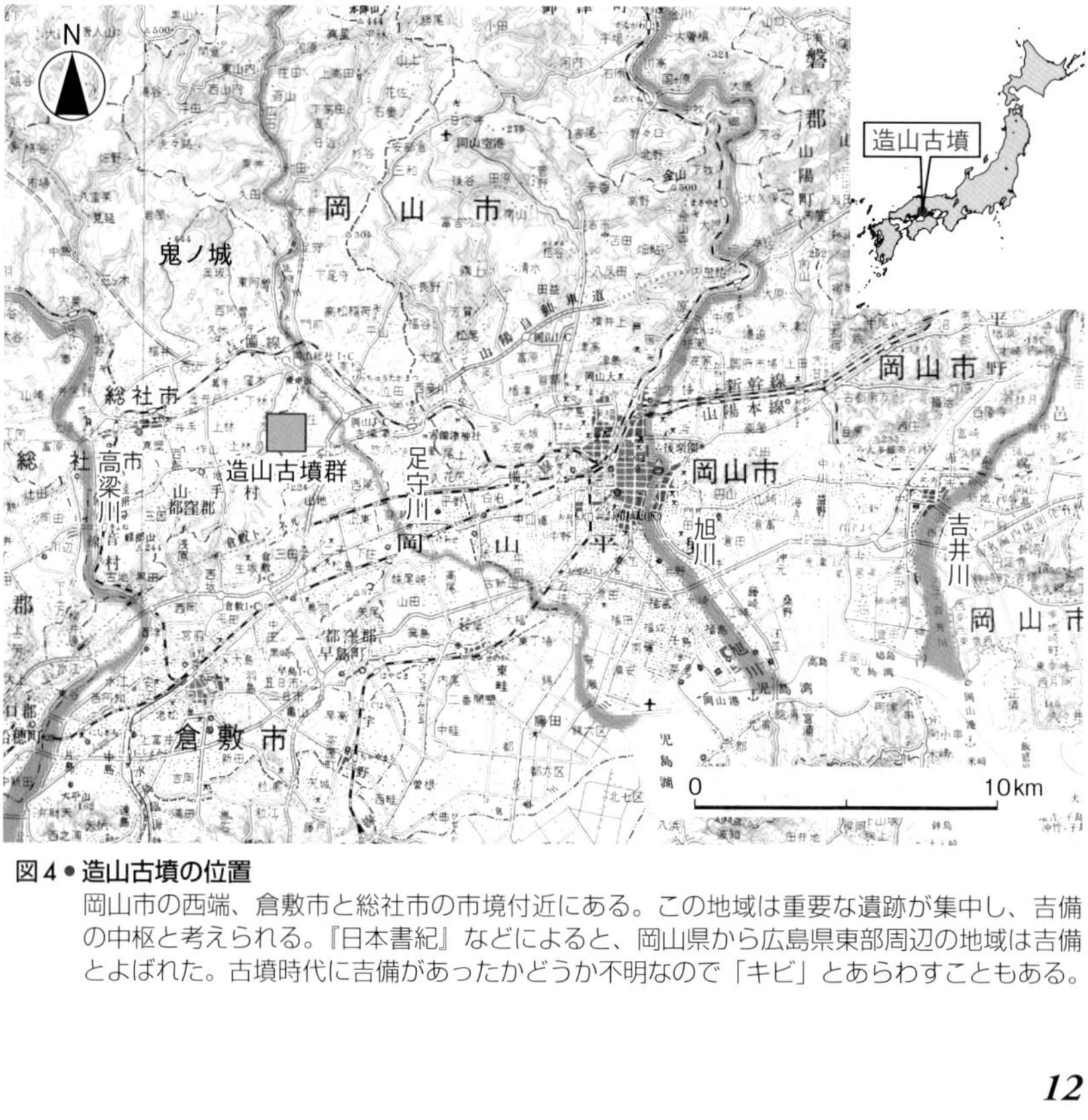

図4 ● 造山古墳の位置
岡山市の西端、倉敷市と総社市の市境付近にある。この地域は重要な遺跡が集中し、吉備の中枢と考えられる。『日本書紀』などによると、岡山県から広島県東部周辺の地域は吉備とよばれた。古墳時代に吉備があったかどうか不明なので「キビ」とあらわすこともある。

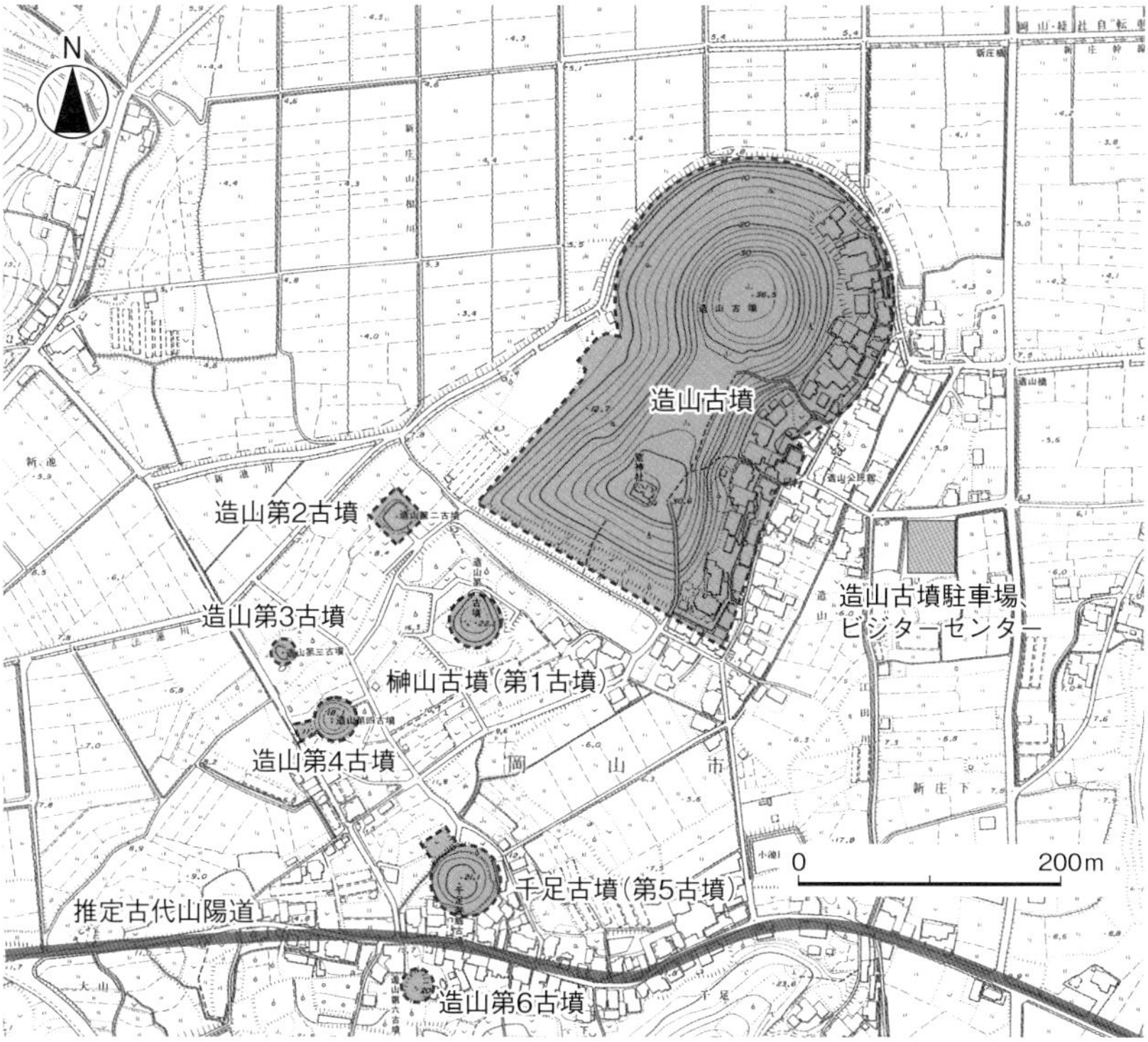

古墳	墳形	規模	主体部	おもな出土遺物	築造時期	発掘
造山古墳	前方後円墳	全長 350m	竪穴式 石室？	円筒埴輪 形象埴輪	５世紀前半	有
榊山古墳 （第１古墳）	円墳？	直径 35m	木棺	馬形帯鉤 陶質土器（墳丘外）	５世紀前半	有（明治末に乱掘）
第２古墳	方墳	一辺 30m	石室？	円筒埴輪（墳丘外） 形象埴輪（墳丘外）	５世紀中ごろ	有
第３古墳	円墳？	直径 30m？	不明	－	５世紀代	無
第４古墳	帆立貝形古墳	全長 55m	不明	円筒埴輪・形象埴輪	５世紀前半	有
千足古墳 （第５古墳）	帆立貝形古墳	全長 81m	横穴式石室	巴形銅器・鏡・玉・刀剣など各種鉄器（主体部他）	５世紀前半	有
第６古墳	円墳	直径 30m	石室？	－	５世紀代	無

図５●造山古墳群
造山古墳の陪塚とされる６基の古墳は、南の江田山からのびる低丘陵を利用して築造される。畿内の陪塚のように、主墳（造山）の周囲に計画的に配置されていない。前期古墳のように臨海地に立地しておらず、造山・作山・両宮山は古代山陽道を意識して内陸地に築造された。

築いたものが多い。二番目に大きい作山古墳も丘陵を利用している（図58参照）。

足守川流域は、遺跡の宝庫といってもいい。岡山を代表する重要な遺跡が密集する、考古学にとって絶好のフィールドだ。弥生時代後期には、当時、日本列島最大の墳丘墓、楯築《たてつき》墳丘墓（墳長八〇メートル）が出現し、出土した特殊器台・特殊壺は、後の埴輪祭祀の源流とされる。古墳時代前期には墳長一〇〇メートル超の大型古墳が六基築かれる。そして造山古墳に後続して総社市に築かれた作山古墳は墳長二八二メートルの前方後円墳で、県内では第二位、全国第一〇位の規模を誇る。

造山古墳と作山古墳は、古代山陽道に近接して築かれている。赤磐《あかいわ》市の両宮山《りょうぐうさん》古墳も古代山陽道の近くあり、古墳時代にはすでに重要な交通路であったことがうかがえる。

3　大型古墳の系譜

古墳時代初期の大型前方後円墳

造山古墳が出現する古墳時代中期までに、岡山平野各地で墳長が一〇〇メートルにおよぶ大型古墳が継続的に築かれている（図6）。吉備では古墳時代初期から大型古墳が築造されている（図7）。

浦間茶臼山《うらまちゃうすやま》古墳は岡山平野東縁の低丘陵上に築かれた、吉備で最初期の大型前方後円墳である。墳長一三八メートル、後円部径八一メートル。前方部が撥形《ばちがた》に開き、最初期の前方後円墳とされる奈良県の箸墓古墳の相似形（二分の一）として知られる。出現期の埴輪である特殊器台形埴輪が採集されている。後円部墳頂には、いまは埋め戻されてみえないが、盗掘を受けた長大な竪穴式石室（長さ七メートル、幅一・二メートル）が築かれており、その石材は香川県豊島《てしま》で産出する安山岩を用いる。墳形・埴輪・主体部の構造は出現期前方後円墳の特徴を示しており、倭王権の成立に深くかかわった吉備の大首長の墓とみられる。以下ではこれら吉備の大型古墳についてふれておきたい。大型古墳は旭川《あさひがわ》流域と足守川流域を中心に分布する。

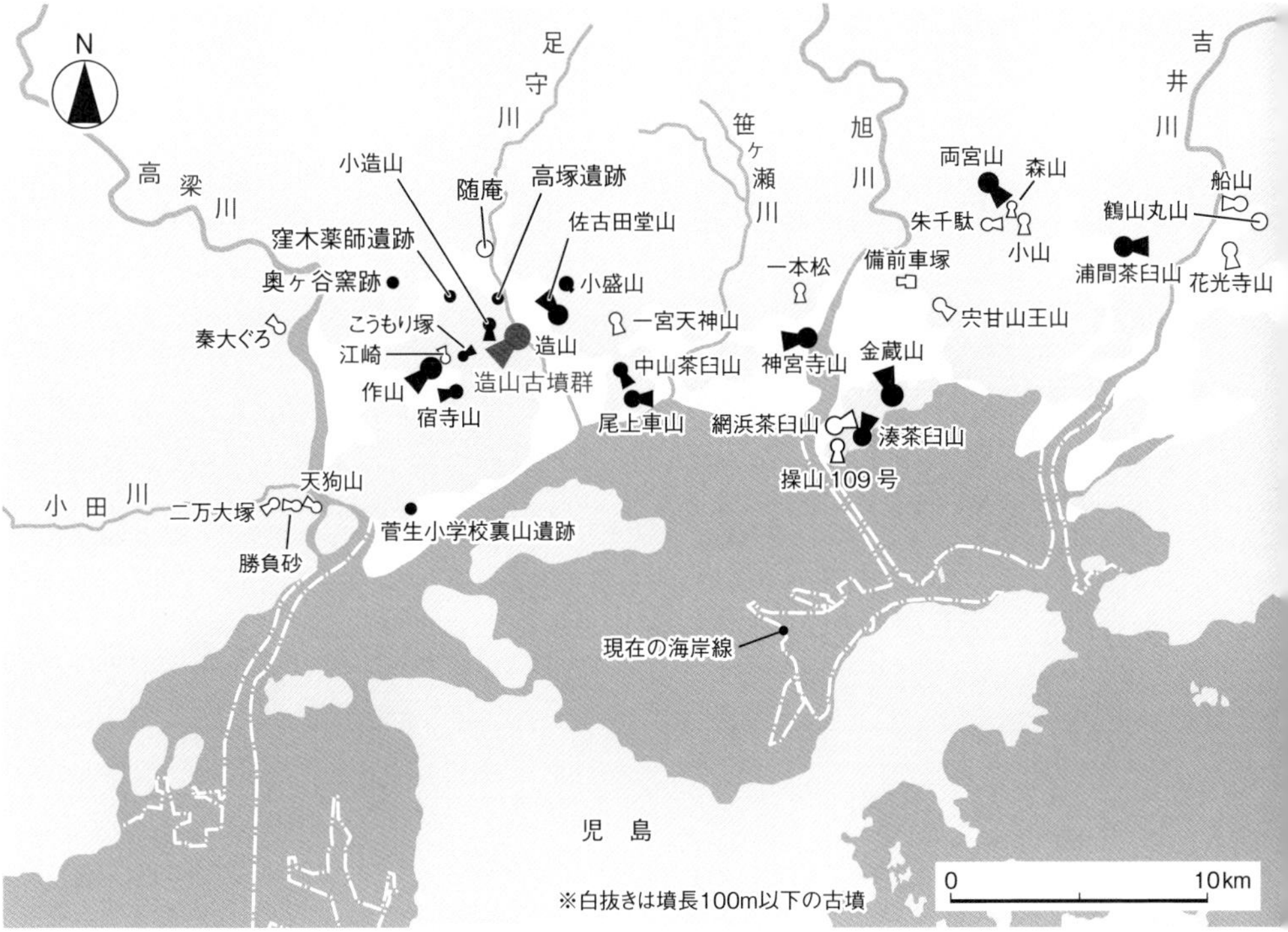

図６●古墳時代の岡山平野

中世以降の大規模干拓前は岡山市街地の多くは海だった。海が入り込み吉備穴海（きびのあなうみ）とよばれる遠浅の内海が広がっていた。白線が現在の陸地を示す。前期の大型古墳は備前（旭川流域以東）に展開し、備中（足守川流域）は中期を中心に大型古墳の築造が活発になる。

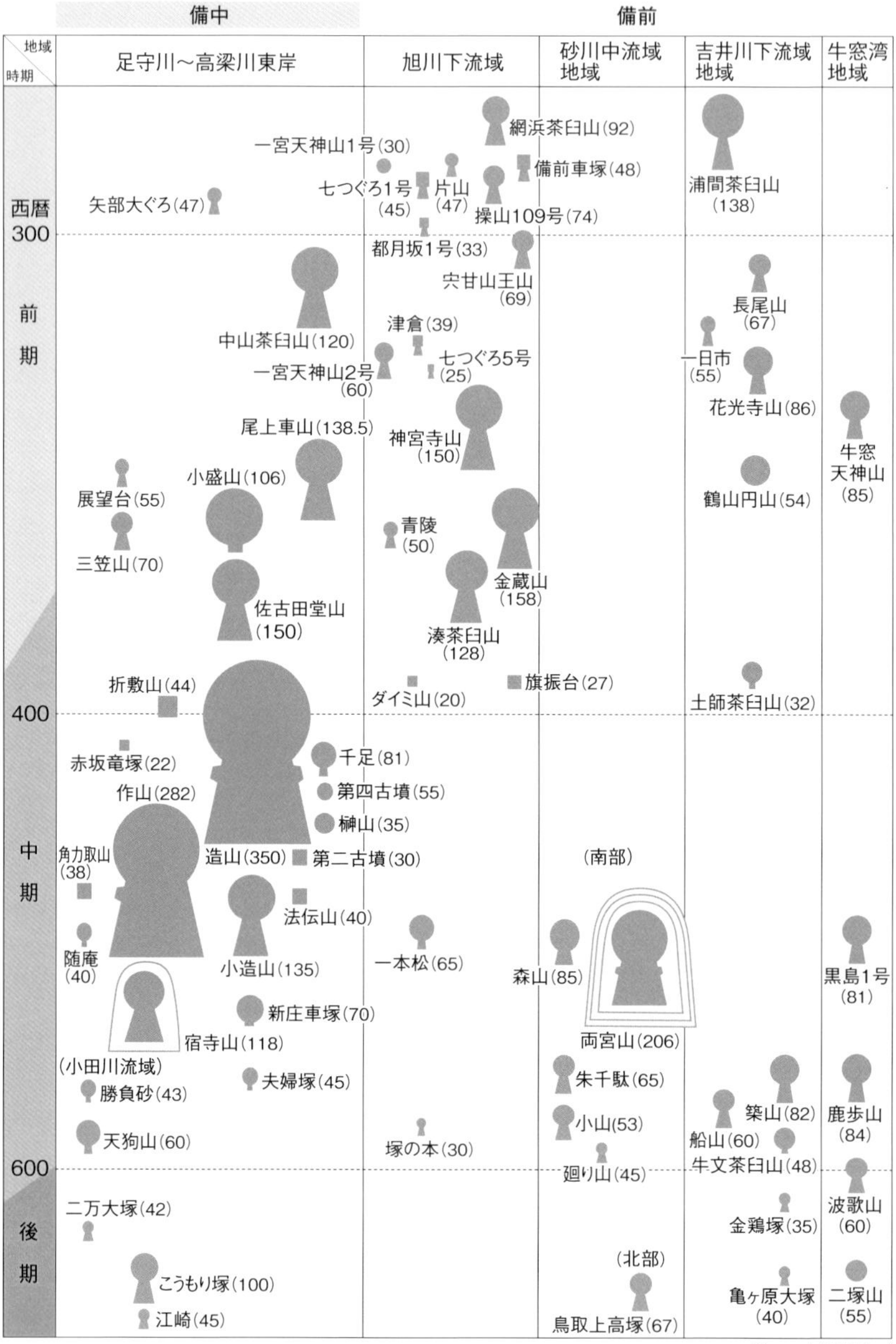

(カッコ内は墳長m)

図7 ● 吉備南部の主要古墳の築造時期

前期には各地で築造された前方後円墳だが、造山古墳の築造を契機に停止し、造山古墳周辺に集中する。両宮山古墳以降は墳丘規模が縮小していく。

旭川流域の大型古墳

旭川は蒜山《ひるぜん》高原に源を発し、岡山市街地中心部を南流する。東岸には網浜茶臼山《あみのはまちゃうすやま》古墳・金蔵《かなくら》山《やま》古墳、西岸には神宮寺山《じんぐうじやま》古墳が築かれる。縄文・弥生時代には津島《つしま》遺跡や南方《みなみかた》遺跡の大集落が展開し、古代以降は備前国府、藤原氏の荘園（鹿田《しかた》遺跡）が所在する。足守川とともに吉備の歴史の舞台である。

網浜茶臼山古墳　現在、墳丘全体が墓地となっており、一見して古墳にはみえない。墳長約九二メートルで、最古形式の前方後円墳とされる。前方部は撥形に開き、箸墓古墳の相似形（三分の一）といわれる。主体部は竪穴式石室とみられ、香川県産豊島の安山岩が散見される。副葬品は不明であるが、特殊器台形埴輪・特殊壺形埴輪をともなう。

神宮寺山古墳　前期末ごろに旭川西岸の沖積地に築かれた墳長約一五〇メートルの前方後円墳である（図8）。沖積地に築造された古墳は岡山平野ではめずらしい。後円部墳頂に竪穴式石室があり、副葬品用の小石室（副室）が付属する。

金蔵山古墳　墳長一五八メートルの前方後円墳（図9）。前期末から中期初頭の築造とみられ、造山古墳出現以前では、中四国・九州地域において最大の古墳である。一九五三年に倉敷考古館が後円部墳頂を発掘し、二基の竪穴式石室、副葬品用の小石室を確認している。二〇一四年からはじまった岡山市教育委員会の発掘調査によって、保存状態が良好な葺石《ふきいし》・埴輪列が確認されている。注目されるのは、東側のくびれ部に「島状遺構」が付属する点である。島状遺構からは笊形《ざるがた》土器や食物形土製品のほか「導水施設形埴輪」というめずらしい埴輪が出土している。

湊茶臼山古墳《みなとちゃうすやま》　墳長一二八メートルの前方後円墳。初期須恵器の出土や埴輪の特徴から金蔵山古墳に後続する、中期初頭の築造とみられる。二〇〇八年から二〇一二年にかけて岡山市教育委員会が発掘調査した。金蔵山古墳と同様に島状遺構が付属する。後円部墳頂では二基の埋葬施設を検出したが、中心埋葬の存在は確認されていない。また、明確な葺石も確認されておらず、完成半ばの古墳という評価もある。

足守川流域の古墳

足守川は、旭川から西へ約一〇キロに位置する。弥生時代後期後半には当時列島最大の墳墓である楯築墳丘墓（墳長約八〇メートル）が築かれるなど、古墳時代以前から墓づくりが盛んな地域だ。弥生時代末に吉備中山

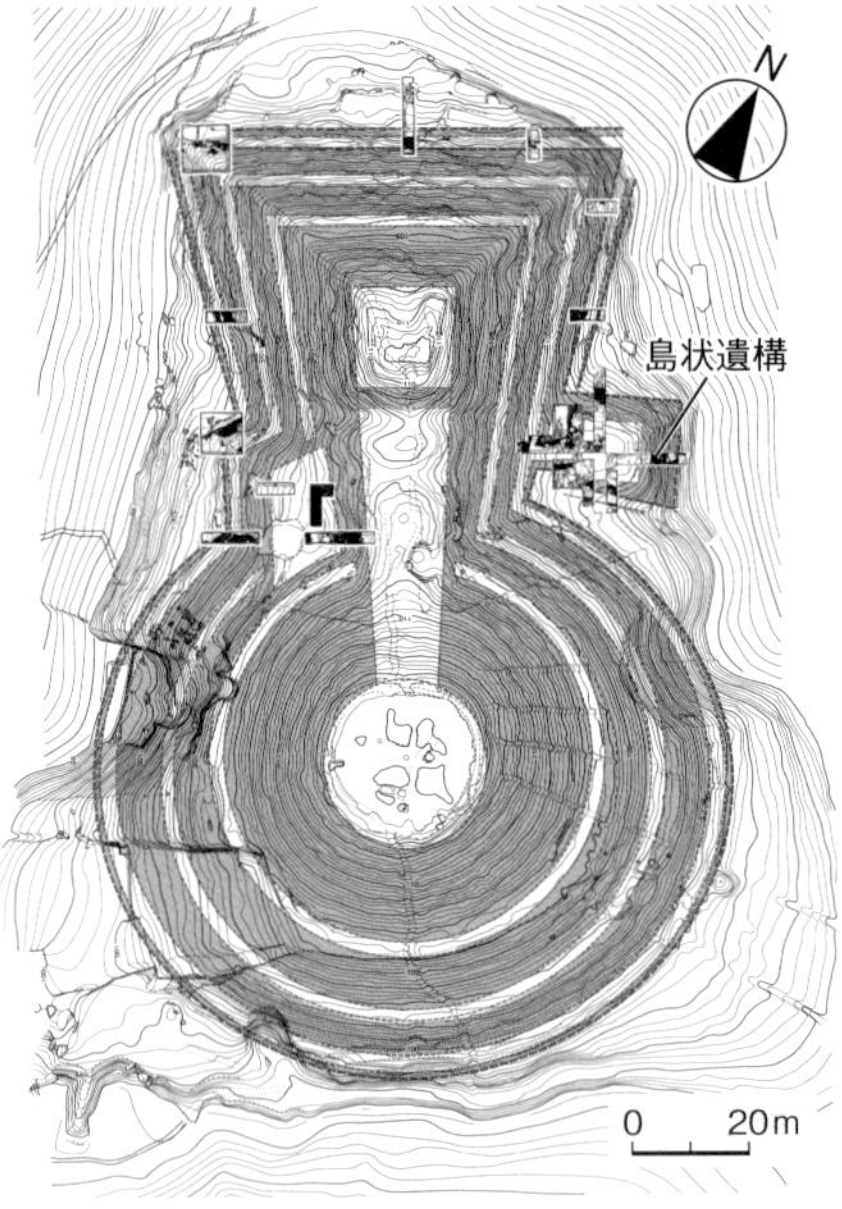

図9 ● 金蔵山古墳測量図
造山古墳出現以前では畿内以西で最大の古墳。島状遺構や造出しなど、同期の畿内の首長と墳遜色がない内容をもつ。

図8 ● 平地に築かれた神宮寺山古墳
岡山の大型古墳の多くは丘陵に立地する。岡山で墳長150mの前方後円墳が沖積地に築かれるのはめずらしい。

に矢藤治山《やとうじやま》墳丘墓（墳長三六メートル）が築かれ、墳長一〇〇メートルを超える古墳として中山茶臼山古墳、尾上車山《おのえくるまやま》古墳、小盛山《こもりやま》古墳、佐古田堂山《さこだどうさん》古墳、と大型古墳の築造が継続する。

中山茶臼山古墳　吉備中山の山頂近くにある。墳長一二〇メートルの前方後円墳で、宮内庁が「大吉備津彦命墓《おおきびつひこのみことのはか》」として管理し立ち入りはできない。尾上車山に先行して築かれた。

尾上車山古墳　吉備中山の丘陵東南端尾根上に位置する大型前方後円墳である（図10）。後世に開墾されている。前期後葉の築造とされる。二〇一四年に岡山市教育委員会が墳丘測量を実施した。その結果、墳長一三八・五メートル、後円部径九六メートルに復元されることがわかった。

小盛山古墳　造山古墳に先行して築かれた三段築成の円墳である。発掘調査はされていないが、測量調査がおこなわれ、直径が九五メートル、造出しを含めた墳長は一〇六メートルになるとわかった。奈良県の富雄丸山《とみおまるやま》古墳（直径一〇九メートル）、埼玉県の丸墓《まるはか》山《やま》古墳（直径一〇五メートル）につぐ、全国的にみてもトップクラスの円墳となる。

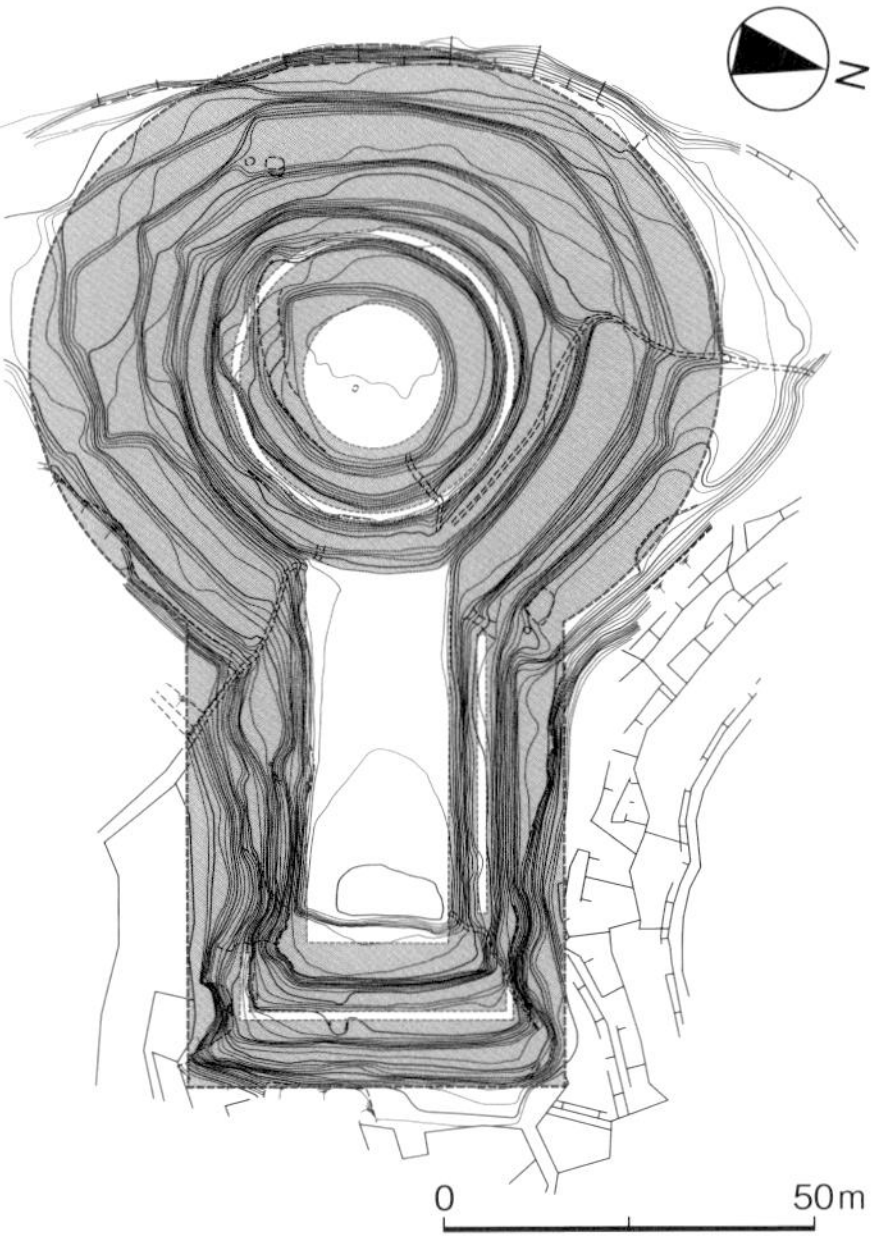

図10 ● **尾上車山古墳測量図**
吉備中山にある国史跡の前期古墳。「ぎりぎり山」ともよばれる。当時は古墳の眼下に海が迫っており、海上交通を意識して築造されたとみられる。

佐古田堂山古墳　小盛山古墳から南へ五〇〇メートルにある。造山古墳群と同時あるいは先行する時期の築造とされる。墳長一五〇メートル、後円部径八八メートルの二段築成の大型前方後円墳である。造山古墳と同じく尾根を切断しその先端を墳丘に利用する。尾根上には小型の方墳二基、小型の円墳四基が築かれる。

大型古墳の築造は、とくに造山古墳出現直前にあたる四世紀後半に集中する（図7）。造山古墳の出現はそれら勢力の力を集めた結果といえるだろう。

第2章　みえてきた陪塚のすがた

1　第四古墳の発掘

発見の契機と戦前の調査

造山古墳が学史にあらわれるのは、高橋健自《けんじ》による前方部石棺の紹介が最初である。その後、造山古墳群の存在が全国的に知られるようになったのは、一九一三年（大正二）八月に帝室博物館の和田千吉《せんきち》による榊山古墳・千足古墳の現地調査が契機である（図11）。

千足古墳は一九一二年（明治四五）一月に、隣接する榊山古墳とともに乱掘された。乱掘によって後円部からみつかった石室（第一石室、図12）は、石障《せきしょう》を組んだ肥後形《ひごがた》石室で、さらに内部の仕切石《しきりいし》には直弧文が彫刻されていたことで学界の注目を集めたようである。乱掘の際出土した馬形帯鉤《うまがたたいこう》（図41参照）などの副葬品は倉敷警察署へ運ばれ、現在、宮内庁が所蔵する。そのとき二つの古墳から出土した副葬品は混在し、帰属が明確ではない。

一九二一年（大正一〇）、造山古墳と千足古墳はその規模や石室・直弧文のめずらしさが評価されて国史跡となり、一九三六年（昭和一一）に、京都帝国大学の梅原末治《すえじ》・小林行雄《ゆきお》らが千足古墳の墳丘・石室を測量調査した。造山古墳とその周辺は、石棺・装飾古墳・直弧文・馬形帯鉤など不可思議なモノたちによって、第一線で活躍する考古学者を引き寄せる、ただならぬ雰囲気に満ちていたようだ。

第四古墳の調査

一九九一年は造山古墳群調査にとって重要な年となった。岡山市が造山第三古墳、第四古墳の西側を通る市道拡幅を計画し、それにともない第四古墳周辺の発掘調査を実施したのである。第四古墳は現在円墳とされている。しかし、周辺地形の特徴から、東側に前方部をもつ前方後円墳あるいは帆立貝形古墳となる可能性があった。地下に墳丘が広がっているかもしれない。

調査は道路の拡幅部に四カ所のトレンチを設定した。

調査の結果、南に設定した二メートル×三〇メートルのトレンチから、家形・甲冑形を含む

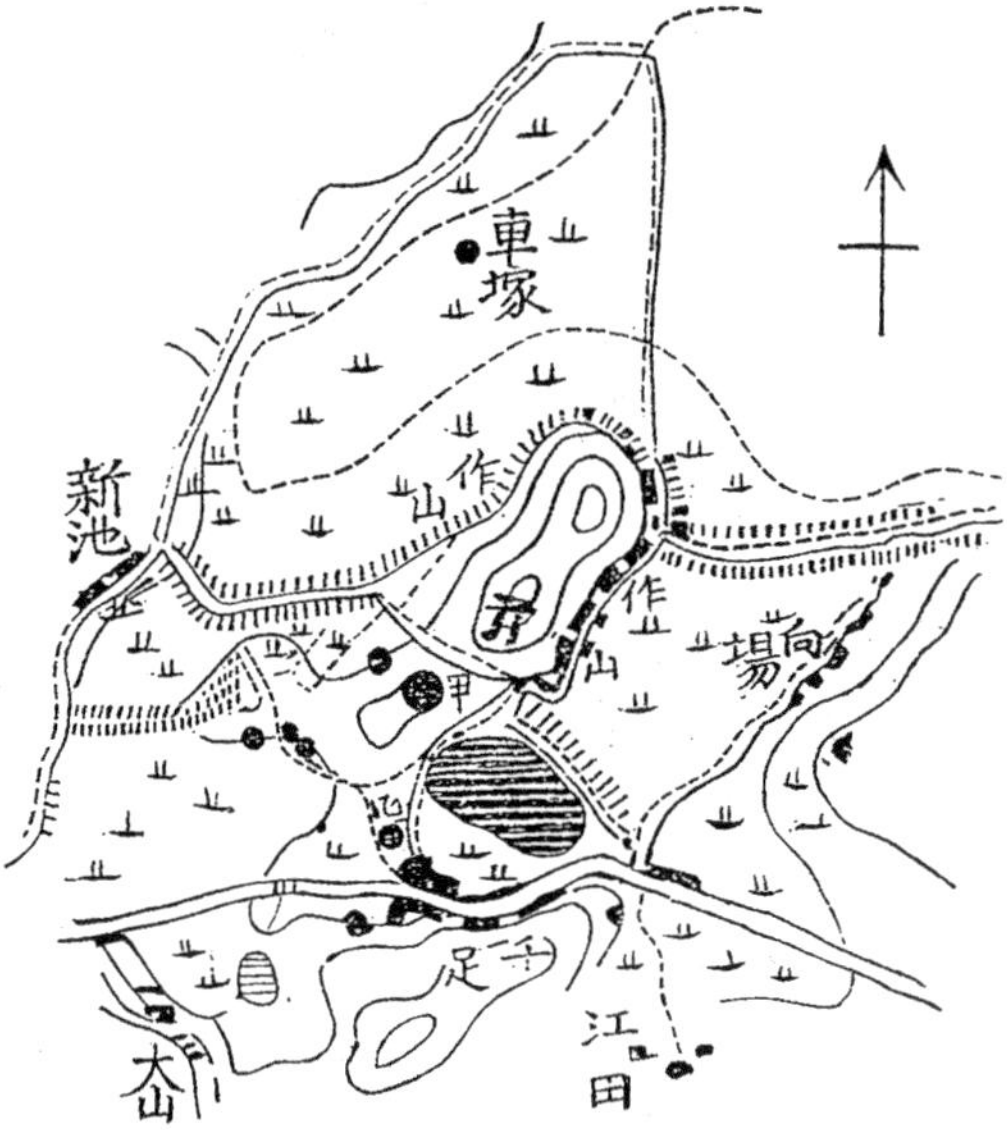

図11 ● 和田報告の造山古墳群（1913年ごろ）
作山と記されているのが造山古墳。黒丸が古墳を示す。第3・4古墳西方にはもう1基古墳があったといわれるがその存在は不明だ。現在、造山古墳北側に広がる水田はかつて湿地だった。

図 12 • 千足古墳第 1 石室の玄室
壁面には赤色顔料（ベンガラ）を塗った板石（安山岩）をドーム状に積んでいる。その内部に分厚い石障を箱形に組み、仕切石には直弧文が彫刻される。本州の出現期横穴式石室を代表する（撮影　井上直夫・栗山雅夫：奈良文化財研究所）。

多量の埴輪を埋蔵する溝がみつかった。この溝は第四古墳に沿って掘られており、「周溝状遺構《しゅうこうじょういこう》」とよぶ。

周溝状遺構は地山を掘り下げ、出土した土で高まり（前方部？）をつくりだしている。小規模なトレンチ調査であったものの、第四古墳は墳長約五五メートルの前方後円墳あるいは帆立貝形古墳で、造山古墳に後出する時期に築造された可能性が高まった（図13）。そして、われわれが認識している古墳の範囲よりも広く地下に遺構が広がっていることがわかった。

2　第二古墳の発掘

だれも予想しなかった謎の埴輪列

第四古墳の調査から六年後、

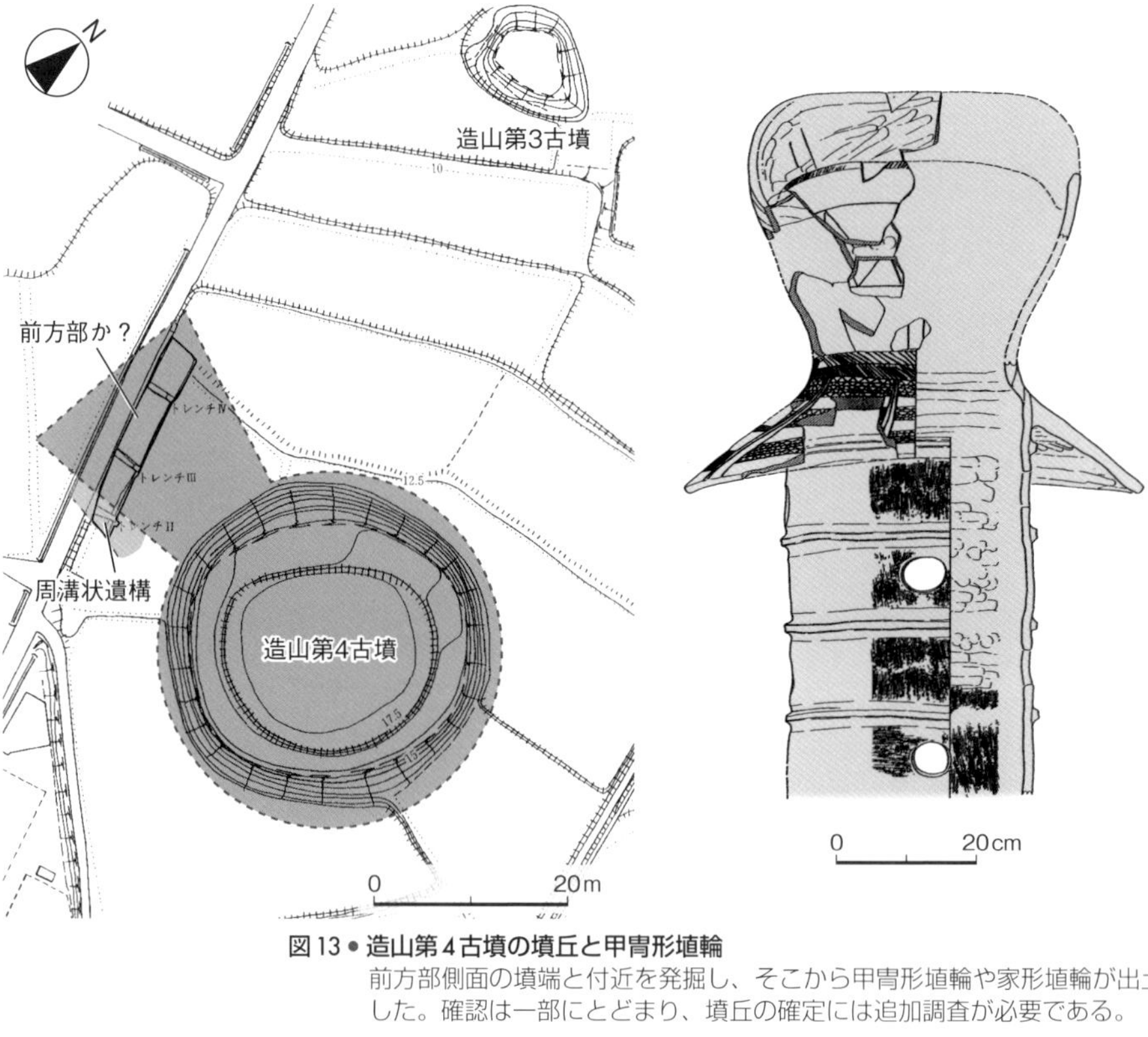

図13 ● 造山第4古墳の墳丘と甲冑形埴輪
前方部側面の墳端と付近を発掘し、そこから甲冑形埴輪や家形埴輪が出土した。確認は一部にとどまり、墳丘の確定には追加調査が必要である。

一九九七年一二月に驚きの発見があった。第二古墳周辺の遊歩道工事中に、予想もしなかった場所から埴輪列がみつかったのである（図14）。

埴輪列は第二古墳墳端から南東へ約一四メートルの位置で確認された。直線に三五メートル、一一〇個体におよぶ埴輪がならぶ。また第二古墳周辺も発掘し、葺石をともなう周溝がみつかった。第二古墳は現状の墳丘よりも規模が大きく、葺石をもつことがわかった。

成果があった一方で課題も残された。課題は、第二古墳の規模および周溝のつづきを確認すること、埴輪列の延長を探索すること、の二点である。

みつかった埴輪列は、本当に第二古墳に付属するものとしてよいのか？　この疑問は発見当初からいわれていた。気になる点は、古墳と埴輪列の位置関係である。発掘でみつかった周溝外側から最短で約五メートルも離れている。埴輪列が第二古墳を囲むのであれば、

図14●造山第2古墳付近で確認された埴輪列（北から）
埴輪列は一直線にならび、どこまでつづくのかいまだ確認できていない。一端の延長は造山古墳の前方部隅へのびる可能性があり、第2古墳ではなく造山古墳を意識した施設という見方もある。

途中で九〇度曲がるはずだ。埴輪列が第二古墳を囲むのかどうか。一八年間抱きつづけたこの疑問に、造山古墳群の発掘計画がはじまって間もなくとり組むことになった。

葺石と周溝を追う

第二古墳の発掘調査は、造山古墳の発掘がはじまる前年、二〇一五年度に実施した（**図15**）。目的は埴輪列と葺石の範囲である。

周溝がありそうな位置にねらいを定めてトレンチを設定した。水田耕土の直下から多量の転石とともに埴輪が出土しはじめた。さらに掘り下げると、葺石が姿をあらわした（**図16**）。葺石は対岸の周溝斜面にも確認できた。一九九七年度の調査成果と一致し、周溝は第二古墳の一部であることが確定した。

この成果から、第二古墳の構造がみえてきた。墳形は従来の推測どおり方墳で、葺石と周溝

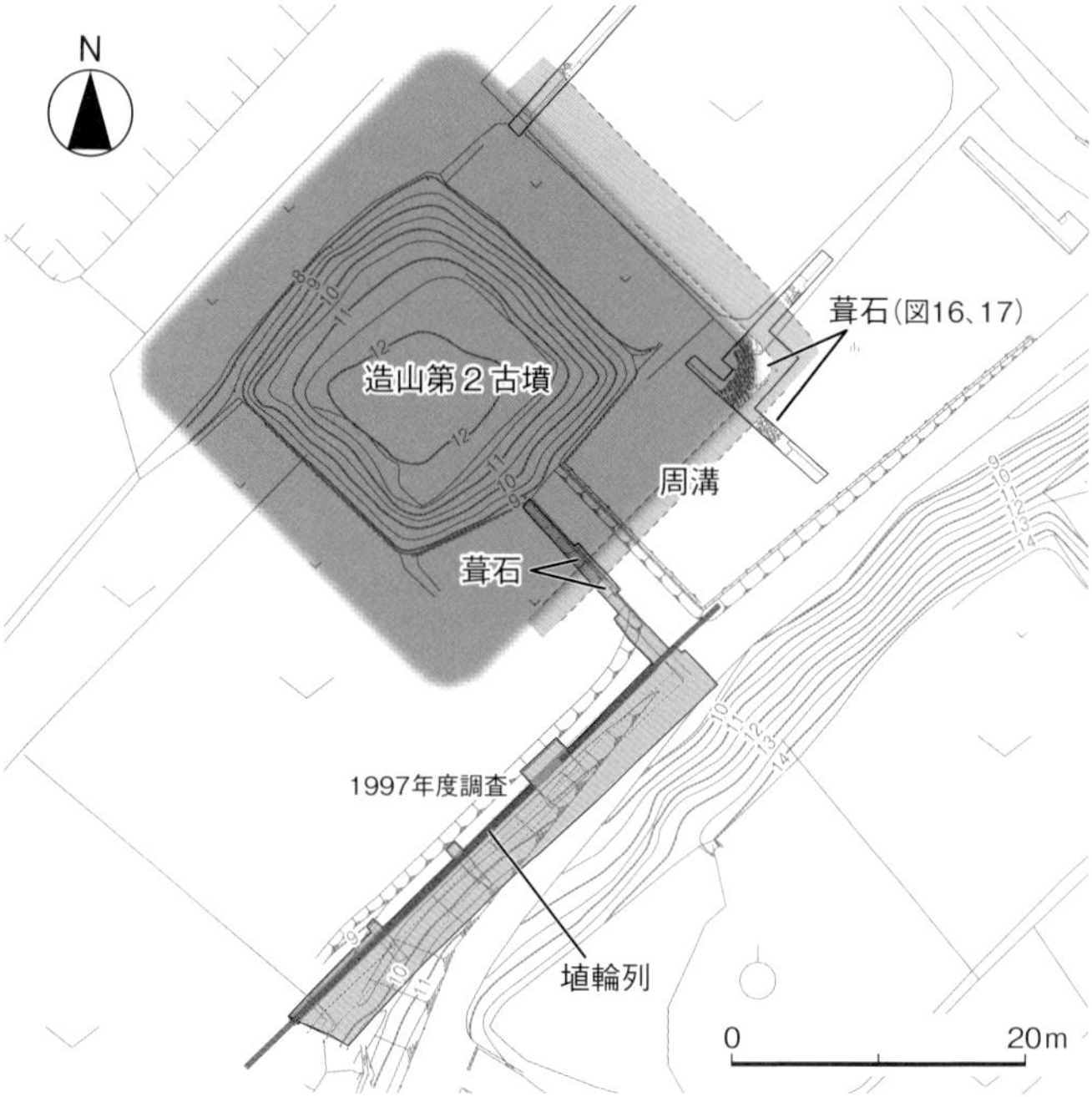

図15 ● 造山第2古墳の範囲確認調査
ピンク色部分は1997年度に発掘した範囲。2015年度はその延長部分を発掘し、第二古墳の範囲をとらえることができた。一方、埴輪列については延長部分を発見できなかった。第2古墳・埴輪列の南側の範囲確認が課題として残されている。

をもち一辺が三〇メートルほどになることがわかった。第二古墳はこれまで一辺二〇メートルの方墳とされてきたが、発掘によって一まわり大きいことが確認できた。中期の方墳としては（図7参照）、折敷山《おしきやま》古墳（一辺四四・五メートル）、法伝山《ほうでんやま》古墳（一辺四〇メートル）、角力取山《すもうとりやま》古墳（三六×三八メートル）につぐ規模となる。

周溝最下部の幅は東側で一メートル、北側で三メートルと異なる。そして墳丘のみならず、対岸の周溝斜面にまで葺石がある（図17）。こうした古墳は県下でも例がない。

第二古墳は前方後円墳ではないけども入念に築かれた古墳

図16 ● 姿をみせた造山第2古墳の葺石
奥にみえるのが第2古墳の残丘。本来の墳丘が大きく削りとられていることがわかる。第2古墳の葺石は花崗岩の角礫を用いて構築されている。写真中央が隅角になる。隅部の葺石には目地（継ぎ目）が観察できる。

である。規模では劣るものの、葺石や周溝、出土した埴輪の量・質からみて、吉備のなかではトップクラスの方墳とみていいだろう。

大きな成果をあげた一方、埴輪列の延長部分をねらったトレンチは空振りに終わった。発掘地点は後世の削平によって削られ、埴輪列の存否は明らかにできなかった。

第二古墳は今回の範囲確認でおおむね墳形や規模について把握できた。残された課題は埴輪列の南側延長部をとらえることである。

図17 ● 造山第2古墳の周溝（下）とその発掘（上）
下の写真左上、周溝外側の斜面にも葺石がある。周溝外側の葺石はほかのトレンチでも確認されており、周溝を全周する可能性が高い。方墳とはいえ、造山古墳群にふさわしい重厚な古墳といえる。周溝は湧水が激しく、発掘は水との闘いになった。

第3章　千足古墳の発掘

1　直弧文損傷の衝撃

こうして一九九〇年代以降、造山古墳群は注目されるようになり、地下に埋没した墳丘や未知の遺構が残っていることがわかり、保護すべき遺跡の範囲が広がることがわかった。

しかし二〇〇九年一〇月、深刻な事態が明らかになった。千足古墳の石室にはつねに水が溜まっていたのだが、岡山大学が石室内部の水を抜いた際、装飾が損傷していることが判明したのである（図18）。千足古墳の直弧文装飾は造山古墳群の象徴といえる。県内考古学関係者の衝撃は大きかった。

千足古墳は後円部墳頂に、南へ玄門をもつ吉備最古の横穴式石室が築かれている。追葬がおこなわれた可能性はあるが、玄門の閉塞は古墳時代当時のまま残されている。

造山古墳群のなかで、埋葬施設の構造が明らかで、いまも内部を観察できるのは千足古墳のみである。一九一二年に発見された石室は、肥後の横穴式石室の特徴である石障をもち、仕切石に直弧文が彫刻されている。本州では一つしかない貴重な石室だ。

直弧文とは、直線と弧線を組み合わせた文様で、日本列島（畿内）で独自に生みだされた。京都帝国大学の濱田耕作が命名した。石室や石棺、埴輪などに描かれ、古墳時代の葬送儀礼と深くかかわる。畿内と九州に集中するが、九州では埋葬施設内部の石棺や石室壁面に彫刻や描画される。一方畿内では、古墳に樹立される器財埴輪や鹿角《ろっかく》製刀装具など副葬品に残されている。千足古墳の直弧文は、代表例として多くの概説書や論文に掲載され、全国的に知られていた。

発掘調査のはじまり

その後の調査で損傷は、石室内に溜まった水に長年浸かっていたことで石材がもろくなったこと

図18●損傷した千足古墳の直弧文
損傷は仕切石の下半分にみられる。直弧文はシャープに浮彫される。二つの直弧文は反転関係にある（74、75頁参照）。直弧文に精通した人物の手によることがわかる（撮影　井上直夫・栗山雅夫：奈良文化財研究所）。

が原因とわかった。墳頂部にある石室になぜ水が溜まるのか？　直弧文の劣化以前から不思議に思われたことだった。この原因をさぐるため、発掘調査を実施することになった。

二〇一〇年一一月一日、千足古墳の発掘がはじまった。岡山らしい快晴ではなく、曇天の朝だった。そのころの私は岡山城の発掘を担当していたが、にわかに千足古墳の発掘をまかされることになった。日本の考古学者であれば、一度は名を聞いたことがある千足古墳の発掘は、重責だ。前日はあまり眠れなかった。

曇天模様の下、発掘がはじまった。造山古墳群の墳丘にはじめて調査のメスが入るため注目が高く、発掘前から新聞やテレビなど地元メディアが集まっていた。

調査員は私一人で、作業員は六名。与えられた調査期間は一カ月少々で、一二月には岡山城の発掘が迫っていた。厳しい条件だったが人材に恵まれたのが幸いだった。作業員のみなさんは近所の人で、発掘は未経験だが、地元の古墳を守るため熱心に活動してくれた。

石室の上を掘る

和田報告によると、石室上面には約一〇〇年前に掘られた乱掘坑があり、埋め戻されたことがわかっている。石室の真上に幅一メートル、長さ一〇メートルのトレンチ（調査区）をＬ字形に十文字になるよう設定した（Ｔ１・Ｔ２）。

掘り下げを開始してすぐに埋土から鉄器の破片や小さな埴輪片がぽつぽつ出土しはじめた。やはり乱掘時の埋土だ。はじめての発掘で遺物を掘り出した作業員の手に力が入る。さらに掘り下げていくと「大きな石が出た」と作業員が叫んだ。駆けつけると灰色の安山岩が一部みえてきた。天井石だ（図19）。

天井石は三枚、巨大な板石をならべている。厚みは二五センチほどある。入り口の天井石には石室側に大きな亀裂がある。いつ折れるかわからないので、立ち入りは禁物だ。

一方、主体部から離れた調査地点では葺石や埴輪列の痕跡をさぐったが、それらしい遺構は残っていなかった。後円部は後世の開墾でかなり削られていることがわかった。そのため、いまでは段築のようにみえる部分も後世の改変によるものと判明した。また地山（この近辺では花崗岩風化土《かこうがん》とよばれる岩盤層が地山にあたる）を確認できた。標高一六～一七メートル付近、後円部の墳端から二・五メートルの高さまでは少なくとも地山で、それより上は盛土で構築していることがわかった。墳丘構造にかかわる大きな成果だ（図20）。

図19 ● 第1石室の天井石（第2次調査）
石障とり上げ工事に先立ち露出した天井石。3枚のうち一番左の石は乱掘時にも剥がされていない。工事では中央と右（入り口側）の石を外して、そこから石障をとり上げた。右端の石は後世に置かれたもので、石室の一部ではない。

水がたまる原因

調査の結果、乱掘坑の範囲と墳丘盛土の残存状況を押さえることができた。和田報告のとおり、乱掘坑は石室の上からすり鉢状に掘り込まれていることを確認した。乱掘坑の埋土と墳丘盛土の土質を調べた結果、埋土はしまりが弱くて水を通しやすく、一方、墳丘盛土は固く締まり、水を通しにくい不透水性の土質であることがわかった。

石室に水が溜まる原因は、雨水が透水層である乱掘坑埋土を伝って石室に侵入し、墳丘盛土が不透水性の

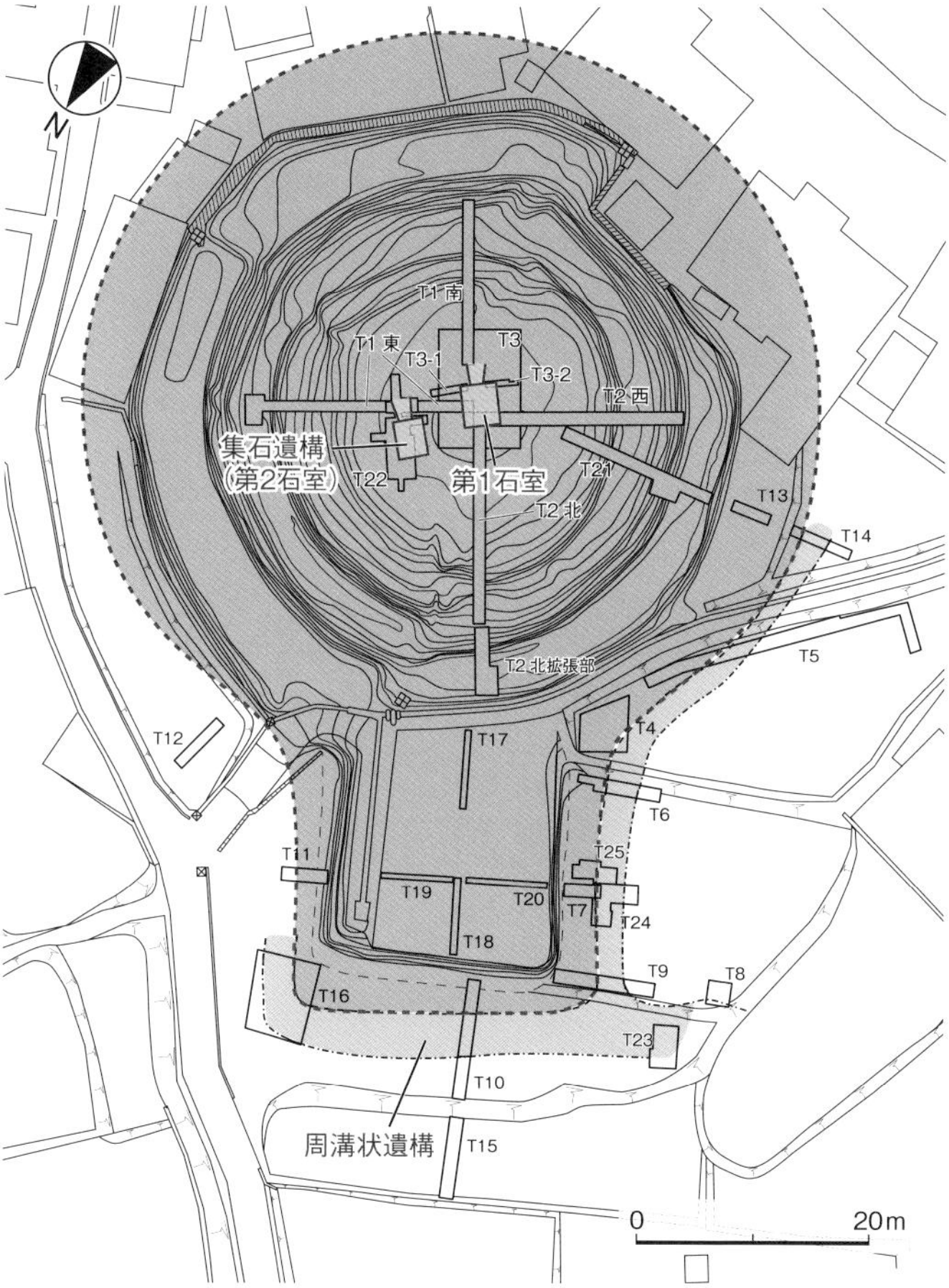

図20 ● 千足古墳測量図
発掘の結果、地下に墳丘や周溝状遺構が残っていることがわかった。この結果、前方部の規模が明らかになり、墳丘中軸線の復元が可能になった。墳丘上の発掘で築造時の段築や埴輪列は確認できなかった。後世の開墾によって見た目以上に削られていることがわかった。

ため、抜けることなく滞水する、ということであるとわかった。乱掘坑の上を広く防水できれば、石室に水は溜まらなくなる。問題解決の糸口をつかんだ。

一次調査では予想外の発見もあった。石室の東約五メートルの位置で、新たな埋葬施設がみつかったのである。興味深いのは、石を集めてその隙間を粘土で埋めている点で、明らかに人工的につくられたものだ。発見当初は未盗掘の箱式石棺と推測したが、仮に集石遺構とよぶことにした。全容をとらえるためにまわりを掘りたいところであるが、調査の目的からそれるため、追究は断念した。この集石遺構は、後年、第四次調査で、第二石室の一部であることがわかるのであるが、そのエピソードは後述する。

羨道部をさぐる

乱掘坑の範囲よりも、広く防水処置を施せば、滞水しないことがわかった。しかし、仕切石の劣化は進行中で猶予がない。天井石をはずして、そこから仕切石を古墳外にとり出し、岡山市埋蔵文化財センターへ一時的に避難させることとなった。石室の一部をとり出して保護する方法は、奈良県のキトラ古墳、高松塚古墳につづき全国で三例目となった。

とり上げ工事は二〇一一年一二月と決まった。それに先立って、乱掘坑全体を掘り下げて天井石全体を露出させるとともに、あわせて羨道部《せんどうぶ》の構造を調査することとなった。この調査区をT3とした。発掘は五月末からはじまり、七月末で終了した(**図21**)。

羨道部とは、玄室につながる通路である。通常の横穴式石室では、墳丘の横腹にトンネルのように羨道部が開口し、遺体が安置される玄室へとつづく。一方、千足古墳など一部の初期横穴式石室では、入口は墳頂部へ開いており、急角度のスロープを降りて、羨道部へ入る。埋葬が終わった後は、この斜めに下る通路や羨道部は埋め戻される。

千足古墳も、羨道部の大まかな位置はわかるものの、実際の位置や規模、墳頂からの深さなど不明だ。玄室からみえる巨大な閉塞石のむこう側がどうなっているのか、それは未知の領域だった。また、和田報告によると、羨道部の上方に粘土をともなう遺構（粘土槨《ねんどかく》？）があり、そこから鏡や巴《ともえ》形《がが》銅器などが出土したと記録されている。この遺構の探索も調査の目的とされた。

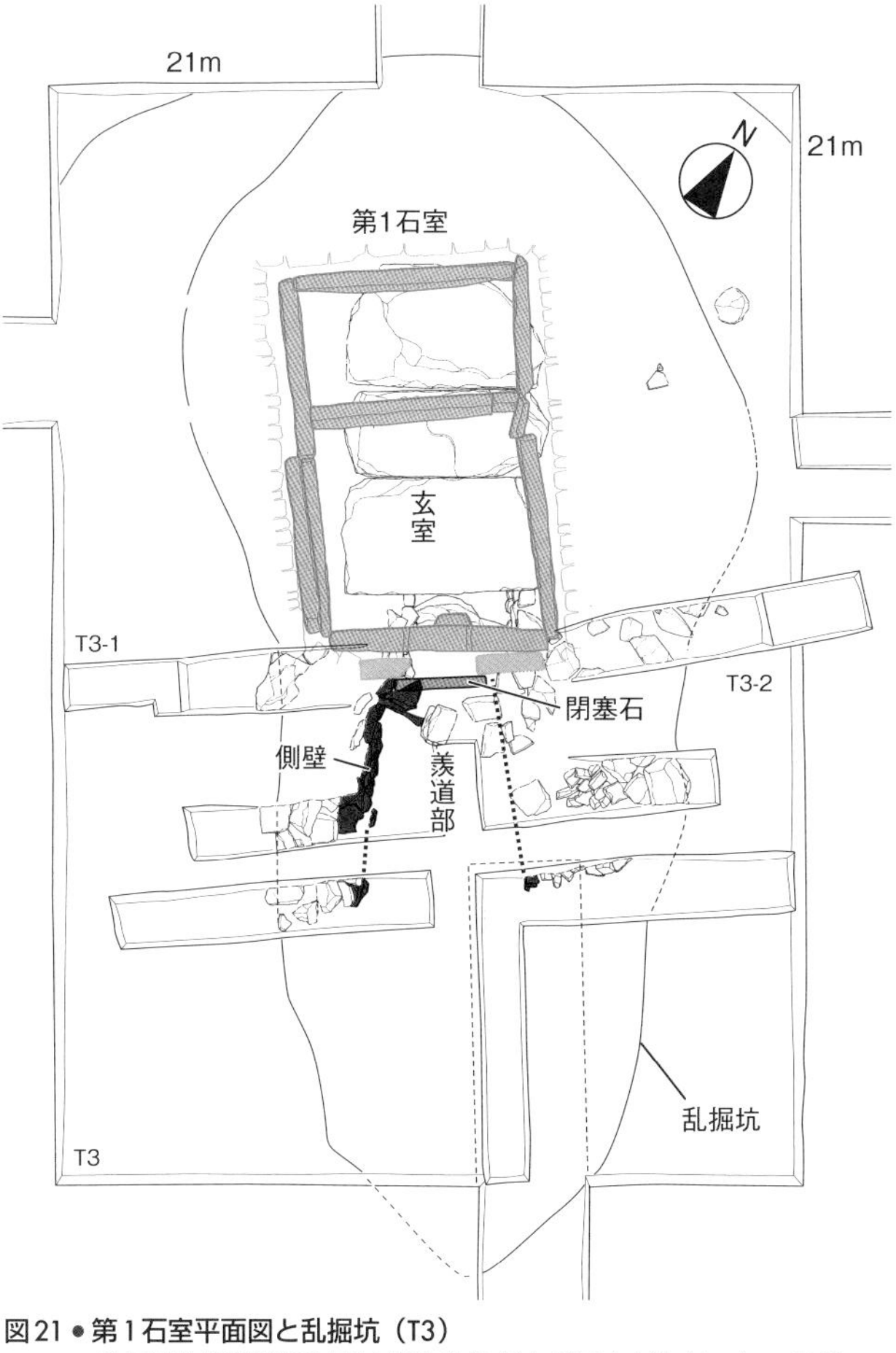

図21 ● 第１石室平面図と乱掘坑（T3）
乱掘坑は楕円形に石室上部全体におよぶことがわかった。この跡を伝って雨水が石室に滞水するとわかった。羨道部は上からみるとハの字形に構築され、その規模や範囲も確認できた。

調査の結果、羨道部の側壁を確認し、その規模や形態を知ることができた（図22）。一方、和田報告にあった粘土槨の痕跡は確認できなかった。遺構の保護のため、側壁の検出は片方のみとした。

側壁は玄室と同様、赤色顔料で着色した安山岩の板石を緻密に積み上げている。天井石はもともとない。やはり九州の初期横穴式石室と同じ構造だ。

側壁の奥に、閉塞石が姿をみせた（図23）。

図22 ● 羨道部の発掘
保護のため、全体を掘り下げることはせず一部にとどめた。平面形がハの字形に開き、幅1～1.5m、長さが1.8m、深さ1m以上ある。検出した側壁は玄室と同様、安山岩を使用し表面をベンガラで赤く着色する。掘り下げるにしたがい角礫が密集し、水が湧き、むずかしい発掘となった。そのため床面の確認はかなわなかった。

羨道部側からの姿をはじめてみた。半分しか発掘できなかったものの、閉塞石は一枚石で、石材は香川の安山岩とみられる。板石による閉塞は九州の初期横穴式石室の特徴とされる。過去の乱掘ですでに破壊されているため、墳頂部から羨道部へとつづく通路は残っていない。少なくとも羨道部がトンネルのように横へ開口する痕跡はないので、破壊された部分のどこかで墳頂部へ開口するのだろう。

直弧文が失われる！

直弧文装飾が彫刻された仕切石の石材は、熊本県天草産の砂岩である。加工しやすいが頑丈な石材とはいいがたい。

仕切石の破損状況、石室の状態からすると、このままでは直弧文が完全に失われるのにそれほど時間がかからないと考えられた。検討の結果、できるだけすみやかに屋内へ避難させることが最良の方法となった。

図23●羨道部からみた閉塞石
安山岩の一枚石で閉塞する。高さ1.5m以上、幅90cmセンチ、厚さ約10cmある。閉塞石の底部は確認できなかった。この閉塞石のむこうに玄室がある。羨道部内の土層観察から追葬が1回されていることがわかった。

避難させる方法は、明治時代の乱掘時に外された天井石二枚を移動して、内部の仕切石を吊り上げ、外に運び出すという手順である。仕切石を石室のなかでスチール製のベッド（石障ベッド）に入れる。それを吊り上げて、墳頂からレールを使って美術品運搬専用車に搬入し、岡山市埋蔵文化財センターへ運ぶ、という計画がつくられた。

仕切石をとりはずしたことの影響で石室が崩落する恐れがあった。そのため石室の保護と作

図24 ● 仕切石のとり上げ工事
石室内に「鳥かご」を設置し（上）、仕切石を少し吊り上げて文様が上になるよう水平に寝かせベッドに収める（中）、ベッドに入れた仕切石をチェーンで石室外へ吊り上げる（下）。失敗の許されない工程が連続する。

業員の安全確保のために、「鳥かご」と名づけたスチール製の枠組みを石室内側に組み立てて作業することとなった。前例のない作業であることから、岡山市埋蔵文化財センターの駐車場に石室の実物大模型をつくり、鳥かごの設置作業や石障ベッドに入れてとりはずす作業のシミュレーションを何度もおこない、問題点を修正していった。

とりはずし作業は、雨天の少ない一二月にとりかかった（図24）。石室上面に吊り上げ用の足場と屋根を設置し、そこから運び出すためのレールの設置が終了した後、仕切石の搬出作業に入った。一日目（二〇一一年一二月一〇日）は仕切石を石障ベッドに入れ、二日目（一一日）に石室外へ吊り上げて専用車に入れ、夜中に低速で岡山市埋蔵文化財センターの敷地へ移動し、三日目（一二日）の朝にセンター内へ運び込んだ。現在は、年一回の一般公開をおこないながら、経過観察し強化方法を検討している。

石障の組み立て方について新たな発見

さて、仕切石のとり上げ完了後、石障の組み立て方について新たな発見があった。とり上げた仕切石の小口面に赤色顔料による赤い印（赤丸とよぶ）があった（図25）。この赤丸は、玄室の側面（仕切石があった場所）にも記されていた。仕切石を置く位置あわせのために塗られたのだろう。

とり上げ前の仕切石は、水平面から奥側へ約一〇度傾いており、屍床部《ししょうぶ》床面と垂直に置かれていない。乱掘後に踏むなどしてずれたのではないか、という推測もあった。しかし赤丸の発見によって、玄室構築時に意図的に傾けて置いたことがわかった。

　では、なぜ傾けて置いたのか？　その謎を解く鍵は、玄室床面の角度にある。玄室の床面は水平ではない。玄門から奥にむかって傾斜していることが断面図からわかる。この床面角度にたいして、仕切石は直角に置かれている。つまり、玄門から玄室をみたときに、直弧文が正面にみえるように配置されているのである。仕切石の傾斜は、葬送参加者からの、直弧文のみえ方を意識して置かれたのであろう。不自然にみえた仕切石の置き方について一つの答えをみつけることができた。

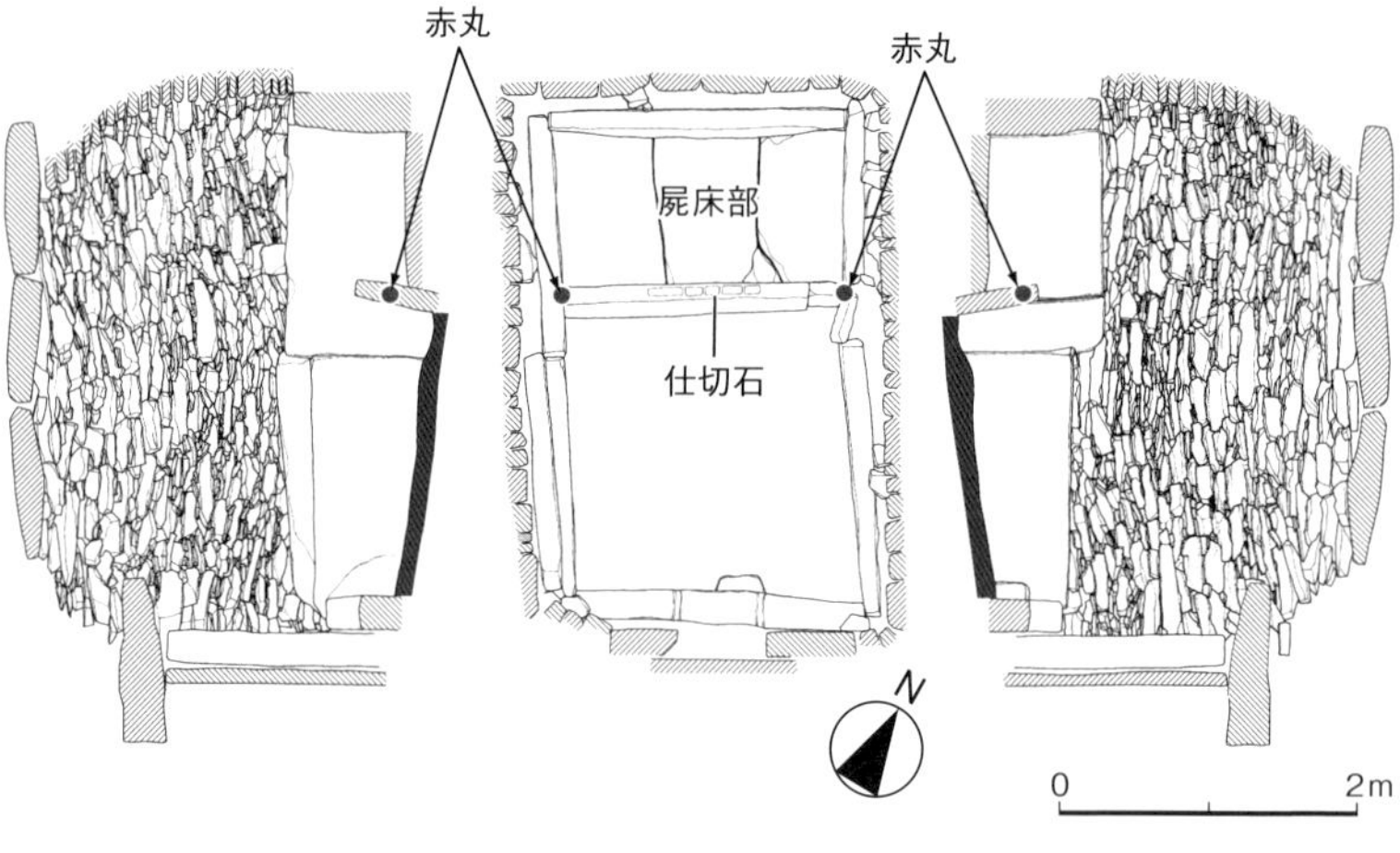

図25 ● とり上げによって発見された赤い印

赤丸は左側障（上の写真）と大きい仕切石の左小口、右側障で確認された。最後に仕切石を置いて玄室が完成したことをしめす。仕切石が玄室床面と直角になるように、意図的に配置されたことがわかる。

2　第二石室の発見

墳丘の端を押さえる

無事、仕切石のとり上げ工事が完了した。しかし事業が終了したわけではない。玄室の仕切石は避難させたものの、天草砂岩の石障はまだ残っており、墳丘の防水工事は施されていない。また、墳丘の正確な規模や墳形は確定していない。千足古墳は、帆立貝形古墳といわれてきたが、円墳として国史跡になっている。すみやかに古墳の範囲を確定し、保護すべき範囲を決めなくてはならない。

発掘調査は二年以内と急がれた。息休めする間もなく、二〇一二年の秋から発掘調査がスタートした。墳端と推測される地点一一カ所、前方部と思われる方形の高まり上に四カ所、墳丘周辺の遺構確認のために二カ所、計一七カ所のトレンチを設定した（**図20参照**）。

古墳の裾は、葺石が列状にならぶ場合がある。これが残っていると、墳端の確定は容易だ。裾の石が残っている範囲を追求していけばよい。千足古墳も墳丘の規模からみれば、葺石をもっていてもおかしくはない。後円部の斜面にも石が露出しているところがあり、当初は葺石をもつ墳丘と推定された。発掘は西側くびれ部にあたるT4・T5から開始した。

葺石をもつ古墳の発掘では墳端付近を掘っていけば、斜面から転落した葺石（「転石」とよぶ）が溜まっていることが多い。くびれ部にあたるT4では葺石が確認できるのでは、と期待された。しかし、いくら掘っても、転石の集中にあたらない。埴輪がよく出土するので作業員は大喜びだが、調査員は少々あせりを感じた。T4では墳端確認が成功しなかった。なぜ転石がまとまって出土しないのか？

その疑問は、となりのT6で判明した。ここは前方部と推定している方形の高まりの西側にあたる。掘り下げ開始から埴輪片が出土しはじめた。転石はほとんど出土しない。さらに掘り進めると地山がみえてきた。千足古墳の地山はほかの土と区別しやすい。地山を追いかけて掘っていくと、方形の高まりから離れるにつれて滑り台のように下り、さらに離れると今度は坂になって上がっていく。掘り終わってみると溝のようになり、このなかから埴輪がまとまって出土した。溝は前方部と推定される残丘と並行して掘られている。この溝は自然地形ではなく、人工的に加工したものではないか（図26）。第四古墳の周溝状遺構と同じかもしれない。

斜面に葺石はみえない。さらに掘り下げて地山を完全に露出させる。地山の上には転石が集

図26●前方部の墳端と周溝状遺構（T6）
前方部側から撮影。石のある位置が周溝底＝墳端となる。そのむこうは上り斜面になる。周溝状遺構の埋土から埴輪片が多数出土した。トレンチ左壁面に埴輪片がみえる。

積する様子はない。千足古墳は地山を掘って整形し、葺石をもたない墳丘とわかった。そのため、墳端は墳丘側からの傾斜が変わる部分（傾斜変換点）となる。

周溝状遺構から多くの形象埴輪

この事実が判明した後は、各トレンチで墳丘裾の地山の傾斜変換点をおさえていけばよい。調査はスムーズに進んだ。その結果、方形の高まりは前方部と確定した。前方部は幅二六メートルあり、後円部から二二メートルほど突出することがわかった。後円部は残りが悪く、T13・T14のみ墳端確認に成功した。

墳端確認とともに、前方部墳頂を発掘した。発掘の結果、耕作土の

図27● 周溝状遺構の埴輪出土状況（T7・24・25）
前方部の西側トレンチで確認された。靫（ゆき）形埴輪など形象埴輪片が多く出土した。かつて前方部上に置かれたものだろう。埴輪の出土は前方部西側に集中することがわかった。奥に前方部がある。

直下は地山で遺構は確認できなかった。埴輪もほとんど出土しなかった。後世の開墾によって削られたのだろう。しかし、周溝状遺構から多くの形象埴輪が出土しており、前方部上には靫《ゆき》形・盾形・甲冑形など多彩な埴輪が樹立していたことがわかった(図27)。

この墳端確認によって千足古墳の規模や形態が明らかになった。墳丘規模は八一メートル以上(従来は七四メートル)、後円部は直径六三メートル、前方部幅は二六メートルとなった。墳形は前方後円墳で、そのなかでも前方部が短い帆立貝形古墳と確定した。

岡山県内では帆立貝形古墳の規模第一位が森山古墳(赤磐市、八四メートル)なので、千足古墳はそれに迫る規模になるとわかった。

新たな謎

前方部の幅が確定したことによって、墳丘中軸線が復元できた。これがつぎの謎をよぶことになる。

古墳をつくる場合、墳丘中軸線は設計上の基準となる。人間にたとえるなら背骨にあたる。そして、中心となる埋葬施設は通常、中軸線上につくられる。しかし、千足古墳の場合、中軸線は石室上を通らず、石室中心から東へ約三メートルずれることがわかった。これまで、千足古墳の墳丘中軸線は石室の上を通るものと考えていたのだが、そうではなかったのである。なぜ、中軸線と石室の位置が一致しないのか?

この謎を解く鍵は、第一次調査で確認された「集石遺構」にあった。集石遺構は礫と粘土で構築された遺構で、石室の中心から東へ約六メートルの位置で確認された。中軸線は、ちょうど石室と集石遺構の中間を通る。石室と並列的な位置にあり、石室と同規模の埋葬施設がある可能性が考えられた。千足古墳が初期横穴式石室の二列並行埋葬の古墳となれば大きな発見だ（図28）。

このような考古学的な成果が期待される一方、千足古墳の墳丘復元が計画されたとき、その設計に必要なデー

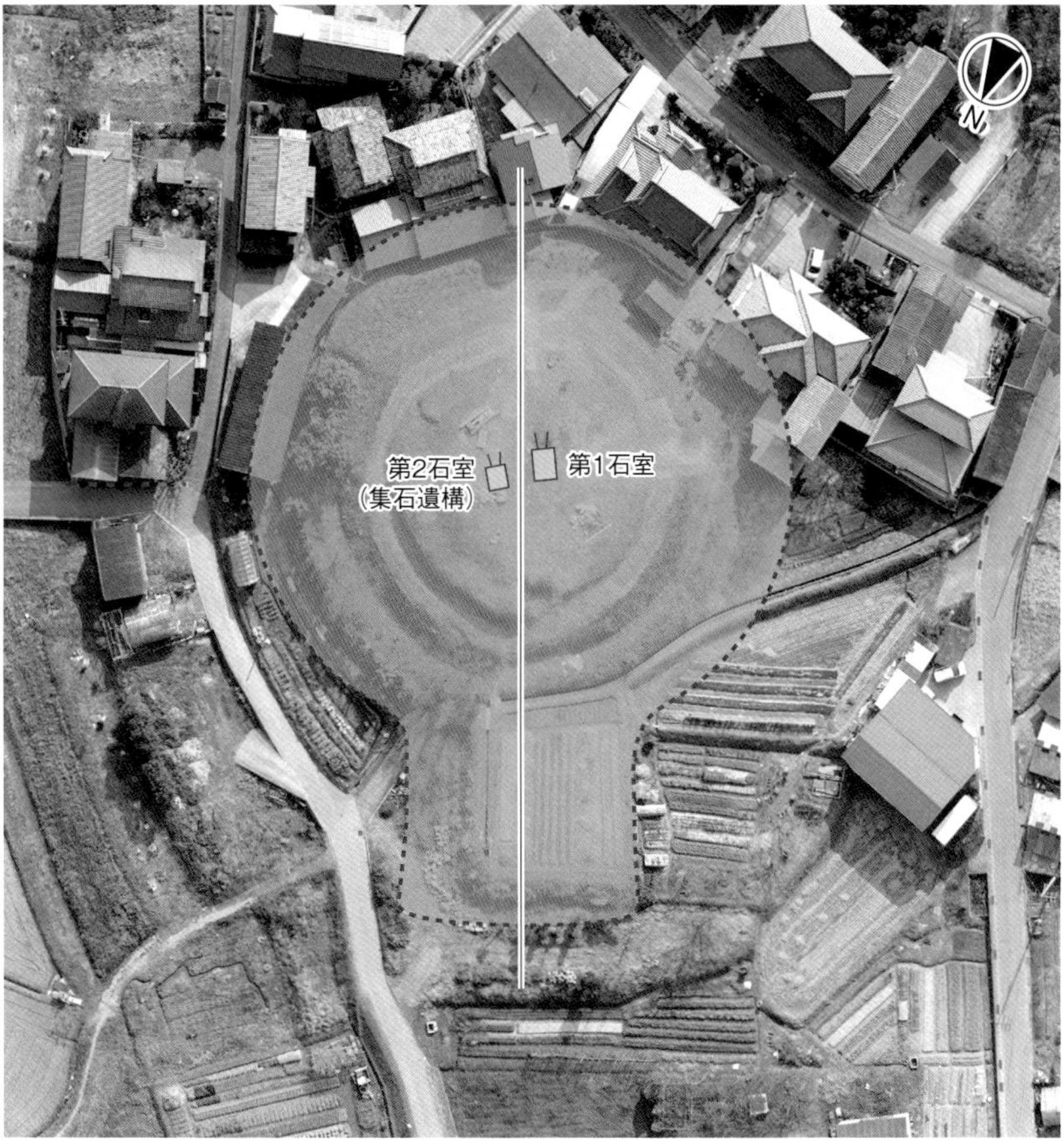

図28 ● 墳丘中軸と石室の関係
墳丘中軸をはさんで２つの石室がつくられている。２基の石室は古墳築造当初から計画されていたことになる。第２石室の発見は、範囲確認調査で復元できた中軸線が導いてくれた。

タをえる調査が必要になる。千足古墳は墳丘全体が耕作などで削平されており、本来の墳丘高にかかわるデータに乏しい。後円部の集石遺構は耕作土直下から検出されており、仮に埋葬施設であれば、本来の墳丘がさらに高かったことの根拠になる。

第二石室の発見

集石遺構の範囲・内容を確認するため、二〇一三年度に第四次調査を開始した。

まず第一次調査のトレンチを一部掘り下げて、集積遺構を確認し、そこから発掘を広げていく。発掘開始直後から、ちらちらと石が出土しはじめたが、安山岩ではない。それでも、石は出土しつづけ、広がっていく(図29)。集石遺構から北にむけて、どうやら楕円形に分布しているようだ。

ある程度範囲をおさえた後、思い切って楕円形にならぶ石列の内側を掘り下げる。国史跡内の発掘なので、やり過ぎは許されない。掘り下げる深さは一定にそろえながら慎重に発掘する。

図29 ● 集石遺構(第2石室)を発掘する(T22)
トレンチを慎重を掘り下げていくと列状にならぶ石がみえてきた。ここまで掘れば埋葬施設にまちがいない。この段階では竪穴式か横穴式石室かまだわからない。作業員の手に力が入る。

掘り進めていくと、積み上げられた板石がみえてきた。どうやら側壁らしい。肥後形石室の特徴であるドーム状天井を意識し隅角を消すように積み上げられている。石材の多くは地元で採取可能な花崗岩だが、一部に安山岩がみえる。

本当に埋葬施設になるのかどうか、発掘当初は私も作業員たちも半信半疑だったが、開始から二週間もたたないうちに、疑念は確信に変わった。集石遺構は埋葬施設、それも岡山で二例目の初期横穴式石室の一部だ（図30）。この発見を境に、仕切石をとり上げた石室を第一石室、新たに発見された石室を第二石室とよぶことにした。

第二石室は上半部が崩壊し、内部に土石が流入した状態で発見された。現地表から二〇センチの深さから石室石材が検出されていることから、本来の墳丘は、さらに高かったと考えられる。

石室の埋土に新しい時代の遺物はなく、未盗掘の可能性がある。埋土に風化していない埴輪片が含まれており、なんらかの理由で石室上部が崩れ、埋まったものと推測される。

第二石室の構造

国史跡であるため、調査は必要最小限度とした。遺構保護のため玄室は床面まで掘り下げず、正確な規模は把握できていない。推定規模は、全長二・五メートル、幅二・二メートル、高さ二メートル以上となる。玄室はドーム状天井と推定され、下に進むほど広くなると思われる。石障の有無は不明である。石材は、花崗岩を主体とし、隅部などところどころに赤色顔料の付着

図30 ● 姿をあらわした第2石室（T22）
奥に玄室、手前に羨道部。奥壁には隅角を消すような石の積み方がみられ、初期横穴式石室と考えられる。玄室内は転落石が多く、上半分はすでに崩れている。羨道部も東側（写真手前中央）は崩れてその規模や形は不明。

した安山岩の板石を使用する。ただし、第一石室よりも安山岩のサイズは均一ではなく、大小まばらで、とくに薄く小さい個体が目立つ。第一石室であまった石材を使ったのか。

羨道部は玄室南の位置で西壁を確認した。東壁はすでに崩壊している。玄室の規模から推測すると、幅は一メートル程度と考えられる。羨道部西壁は、石二列分で高さ一メートルほど検出できた。これより高く積まれていた可能性があるが、上部が失われているため不明である。羨道部の外は第一石室同様、斜めに上がる通路があったのだろう（図31）。

第二石室は第一石室に後出して築かれたと考えられる。第一石室は墳丘構築と並行して築かれている。また第二石室より深い位置にある。墳丘が完成した後、第二石室が

図31●第2石室の東側壁（上）と羨道部（下）
石材に安山岩はほとんどみられず、花崗岩を主体とする。石の積み方は第1石室とくらべて荒く隙間が目立つ。羨道部の側壁は7段分が残る。右に玄室がある。これより上は残っていない。

築かれたとみてよいだろう。

石室の規模は、第一石室と似ているものの、第二石室は石材の大半が花崗岩で、さらに積み方が荒く隙間が目立つ点に大きなちがいがある。玄門の構造や石障の有無、副葬品の内容は不明である。しかし、開口部の向きは同じで、墳丘中軸線をはさんで第一石室と並んで築かれており、古墳築造当初から計画されたと考えられる。千足古墳は二つの初期横穴式石室をもつ、非常にめずらしい古墳であることがわかった。

3 千足古墳の出土遺物

一九一二年の乱掘によって、第一石室の副葬品はほとんどとり上げられてしまった。第一、二次調査では、その乱掘坑埋土から、鉄器が出土した。それらは本来、第一石室の副葬品だった可能性が高い。和田報告には、第一石室から鏡・玉類・鉄刀・鉄斧・鉄釘・甲冑が出土したと記されている。このうち鏡や鉄器の一部は宮内庁が保管している。

発掘で出土した副葬品のうち、鏡などを除く鉄器の多くは乱掘時に回収されず、乱掘坑に埋戻されたのであろう。また、前方部に隣接するトレンチから五世紀前半（ＴＫ２１６型式期）の須恵器の甕や杯身が出土した。築造時期を知るための重要な遺物だ。

四カ年の発掘調査では、多数の埴輪が出土している。われわれの発掘以前に千足古墳から採取された埴輪はわずかだったから、発掘の効果はすさまじい。円筒埴輪（朝顔形を含む）が多くみられるものの、全容がわかる個体はわずかである。

当時の器物をモデルにした形象埴輪はこのたびの発掘調査ではじめて確認された。多くは破片であるが、その種類は首長墳とされる大型前方後円墳に劣らない。家、甲冑、靫《ゆき》、盾、蓋《きぬがさ》など多品種の埴輪が樹立されていたことがわかった。

とくに目を引くのは靫形埴輪である（図32）。靫とは矢を入れる容器で、実物は樹皮や織物など有機質を材質としている。出土した靫形埴輪は上半分が復元できた。推定復元高は一メートルほどになる。大型の埴輪だ。矢筒の表面や側面、背板には、簡略化された直弧文が刻まれている（図47参照）。矢筒側面の直弧文は、左右で描き方を変えている。このようなデザインの靫形埴輪はほかに例がなく、千足古墳の特異性を際立たせる。

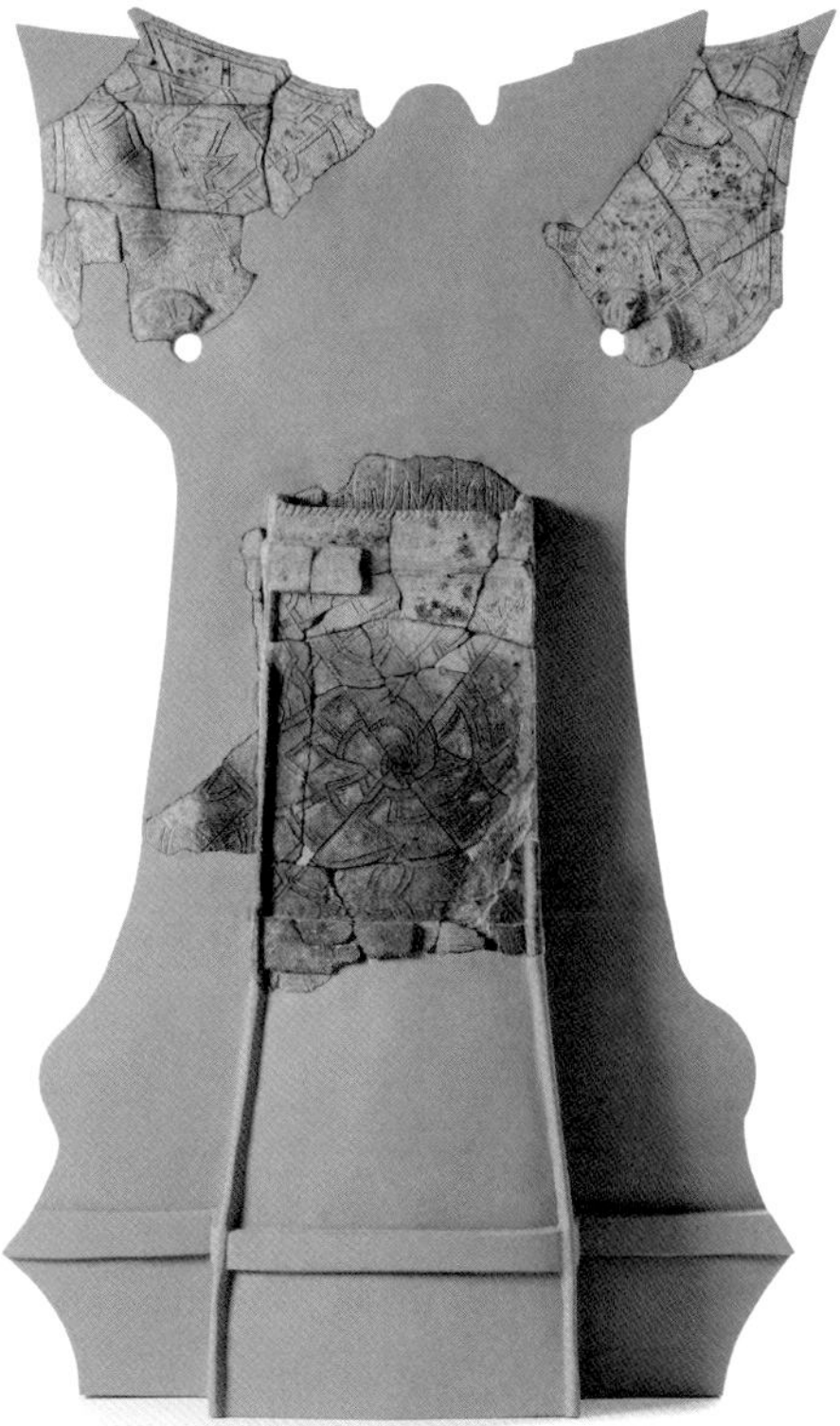

図32●千足古墳の靫形埴輪
前方部から2個体分の靫形埴輪が出土した。写真は復元できた1点で、背板と矢筒に崩れた直弧文が線刻されている。復元高は1mにおよぶ。第1石室仕切石の直弧文とは明らかに異なり、両者の関係は見出しがたい。

第4章　造山古墳の発掘

1　超巨大古墳を発掘する

造山古墳群解明の手順

国史跡である造山古墳は、自由に立ち入ることはできるけれども、遺跡を破壊から守るため、発掘などの行為は規制されている。そのため発掘するには国から許可をとらなくてはならない。発掘調査の目的が古墳の保護に役立つものと認められれば発掘が許される。岡山市教育委員会が造山古墳群全体の保護を視野に入れた発掘計画をはじめたのは二〇一四年度からであった。

まず造山古墳の範囲を確定しようと考えた。そのためには古墳の端をとらえなければならない。言葉にすればシンプルなのだが、これがけっこうむずかしい。空撮写真でみると、西側はきれいな前方後円墳にみえるが、現在の造山古墳の墳丘裾は、後世の土取りや宅地化、耕作地、土砂崩れなどの地形の改変によってわかりにくくなっている。どこに墳端が残っているか、推

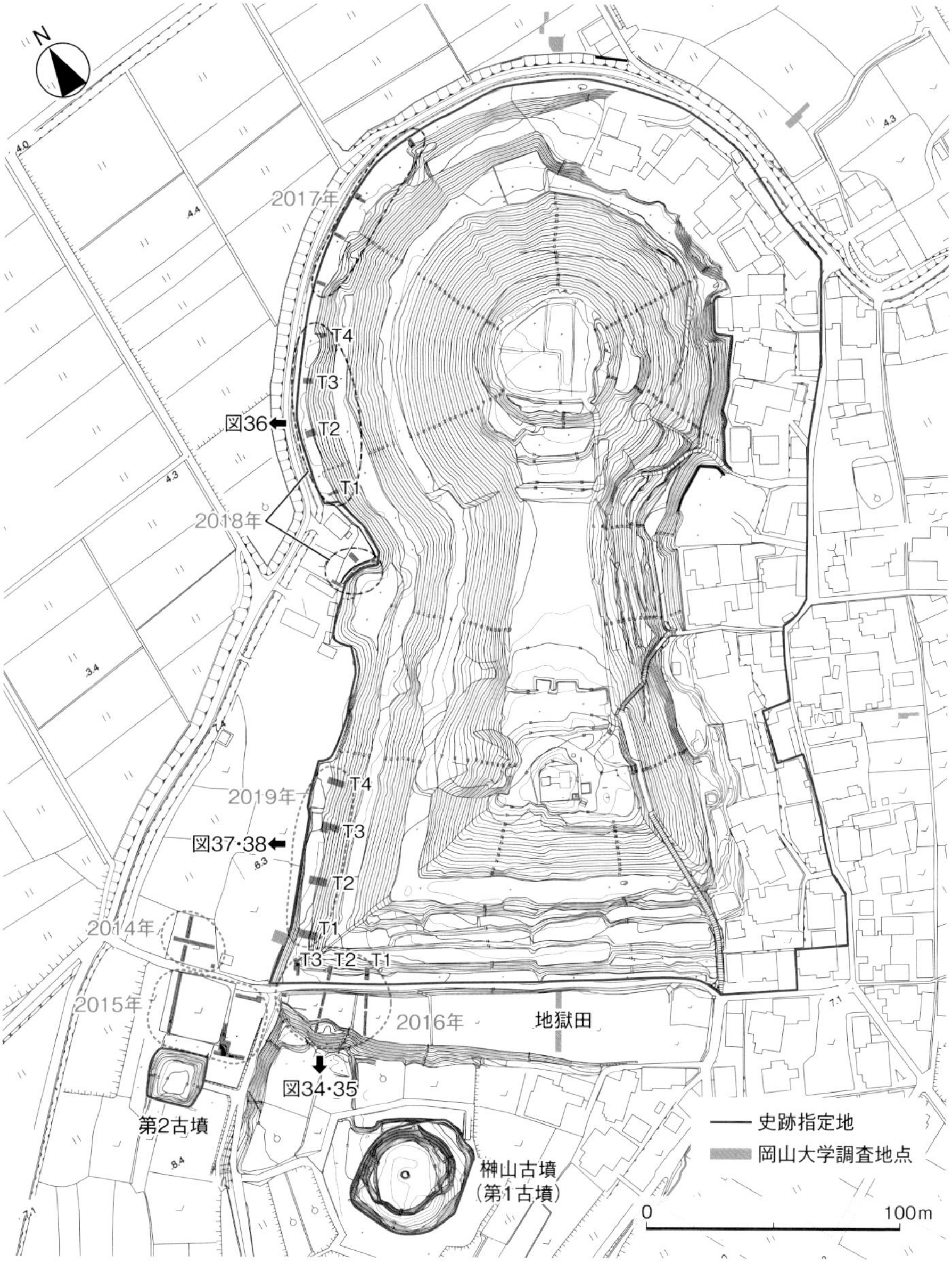

図33 ● 造山古墳のトレンチ配置
調査は周辺から開始し、第2古墳、造山古墳の順にとりかかった。計画最初の発掘（2014年度）では造山古墳の西にある四角い小丘が古墳あるいは周堤となる可能性をさぐったが、遺跡ではないことがわかった。

測するのはむずかしい。

そして墳丘周辺にも造山古墳群にかかわる未知の遺構が広がっているかもしれない。みえているものにだけとらわれてもいけない。対象範囲は広く、手間も時間もかかる。そこで発掘調査はいきなり造山古墳にかかるのではなく、前章までにみてきたように、近くにある古墳にみえるあやしい方形上の高まりの調査や第二古墳の発掘をへて、造山古墳本体の発掘は二〇一六年度からとりかかった。

前方部前端の発掘調査

造山古墳本体の発掘はまず、前方部前端の西側コーナーの葺石をねらってトレンチを設定した（図33）。造山古墳の周濠の痕跡とされる、地獄田とよばれる切通の谷底も発掘した。

前方部前端のトレンチでは、確実な葺石は確認できなかった。現状の地形が示すとおり、前端は後世に激しく削られていることがわかった。ただし、それらしい位置に列状にならんだ石を確認した（図34）。

この石列が葺石の基底部にあたるのかどうかは、将来されるであろう前端東側の発掘にかかっている。一方、前方部コーナーのトレンチでは、前端側はすでに失われていたものの、前方部の西側面にあたる葺石が残っていた（図35）。葺石の基底部は六石分確認でき、さらに後円部方向へつづく。一辺二〇～五〇センチの角張った礫で、前端で確認した石列より大きな石材を使用している。地元で採取可能な花崗岩が多くを占める。葺石六段分ほどの墳丘斜面を確認できた。墳丘規模をさぐるうえで重要な成果だ。

一方、地獄田に設定したトレンチでは大きな成果はえられなかった。埴輪は出土するものの、小片が多くを占める。このあたりに墳端がのび、周濠の一部を発掘したのであれば、上から転落した葺石や埴輪片がもっと多く出土してもいいはずだ。

こうして造山古墳の墳端は、後世に破壊されている部分がある一方、場所によっては葺石が良好に残っていることを確認できた。時間はかかるが古墳の範囲をおさえることができそうな期待をもった。

後円部墳端の発掘調査

二〇一七・一八年度は後円部北側から西側くびれ部にねらいをしぼった。この調査が成功すれば後円部の正確な径が復元できる。期待は大きい。しかし、対象地一帯は墳丘が大きく削りとられているところが多い。希望は薄いが掘ってみなければわからない。

図34 ● 造山古墳前方部のトレンチ（2016年度調査T1）
奥に造山古墳がみえる。墳丘にはじめて調査のメスが入ったトレンチ。奥壁にみえる礫は葺石が転落したもの。墳丘裾は削平されていることがわかった。手前にみえる礫の集中が墳端になるかどうかは今後の調査に期待がかかる。

二〇一七年度の発掘は当初の見通しのとおり、墳丘はすでに失われ、墳端確認はうまくいかなかった。その点をふまえ、二〇一八年度では現状で墳丘が削られてい

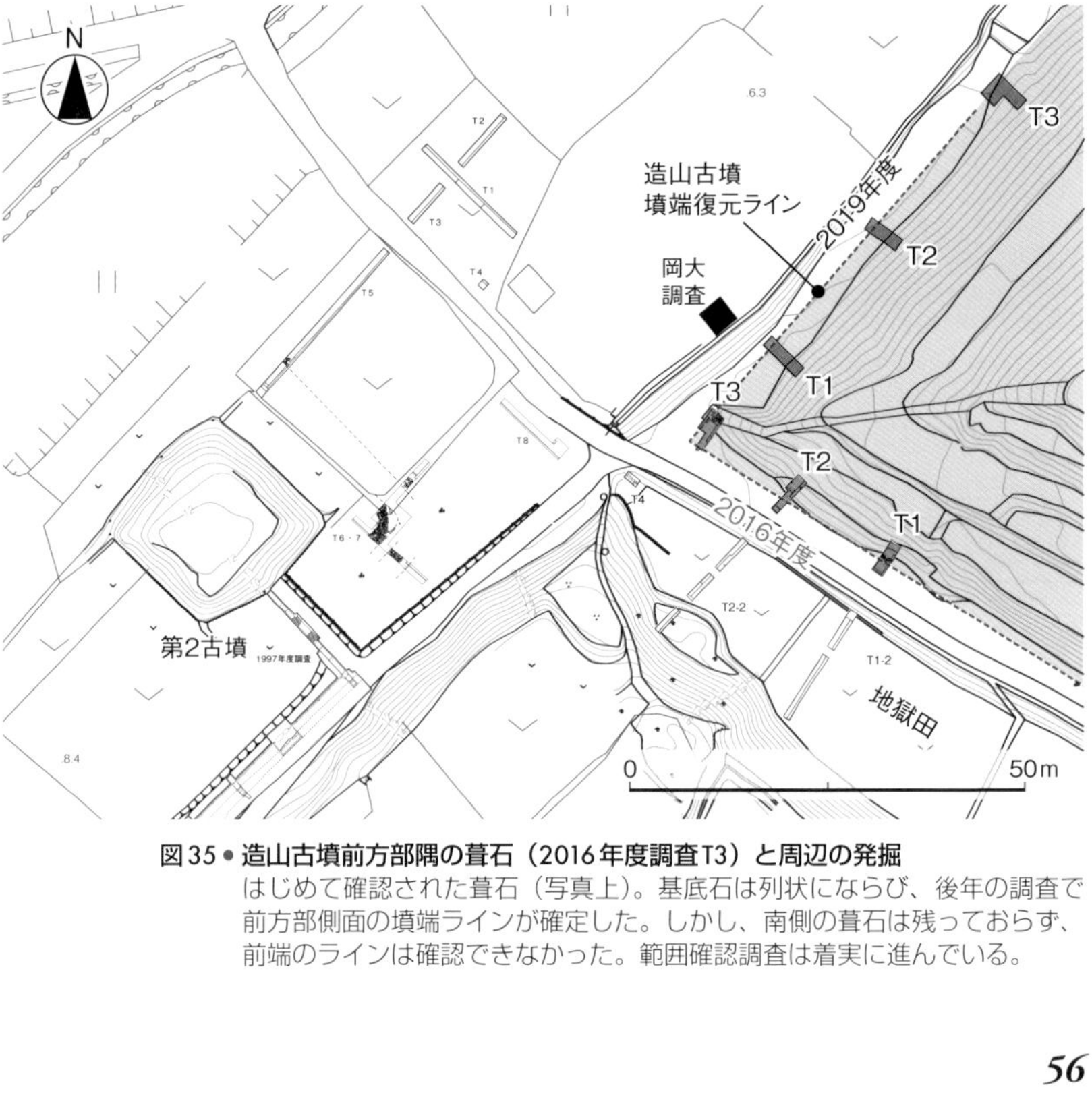

図35 ● 造山古墳前方部隅の葺石（2016年度調査T3）と周辺の発掘
はじめて確認された葺石（写真上）。基底石は列状にならび、後年の調査で前方部側面の墳端ラインが確定した。しかし、南側の葺石は残っておらず、前端のラインは確認できなかった。範囲確認調査は着実に進んでいる。

ないポイントにトレンチを設定した。その結果、一つのトレンチで葺石を確認できた（図36）。しかし、基底石が失われ、墳端をとらえることはできなかった。石材は前方部と同様、花崗岩の角礫で、一辺一〇〜四〇センチとばらつきが大きく、葺き方も隙間が目立つ。そのほかのトレンチでは葺石は確認できなかった。造出し周辺も削平されており、葺石や盛土は確認できなかった。

前方部西側面の発掘調査

二〇一九年度は前方部西側面にねらいをしぼった。二〇一六年度に確認した前方部コーナーの葺石がどこまでのびているのか、という課題が残されていた。また、このエリアは墳丘がよく残っている場所である。墳端に四カ所にトレンチを設定した。

この年から私は裏方に回り、発掘は若い調査員にまかせることになった。

図36●造山古墳後円部の葺石（2018年度調査T2）
後円部ではじめて確認された葺石。奥に墳頂部がみえる。後円部の斜面角度をおさえることができた。下方ほど葺石はまばらになり、基底石は後世の開発によって失われ、墳端確認はできなかった。

四つのトレンチのうち、二カ所のトレンチで基底石をふくむ葺石を確認できた（図37）。これまでの造山発掘のなかでは大成功、といえる。

確認されたT3の葺石は、基底部に一辺三〇～四〇センチの角礫を縦方向に置く（図38）。二段目より上は基底石よりやや小ぶりな石を用いる。石材はこれまでと同様に花崗岩を主体とする。ところが、造出しに近いT4では、基底石は平置きされサイズもやや小ぶりだ。葺石の工法のちがいはなぜか。発見は新たな謎を生む。

施工した集団や時期がちがうのか？　気になる点はあるが、とにかくこれまでの発掘によって前方部西側面の墳丘範囲をとらえたことは大きな成果だ。

2　造山古墳の出土遺物と遺構

円筒埴輪と蓋形埴輪

二〇一九年度までの発掘で、埴輪が多数出土した。

図37● 造山古墳前方部側面の墳端確認（2019年度調査T3・T4）
写真上方が前方部墳丘。2カ所のトレンチで基底石を含む葺石を確認した。2016年度に確認した前方部隅の葺石とあわせて前方部西側の墳端ラインを確定した。

多くは墳丘上方から転落してきた円筒埴輪で、元は墳丘一段目平坦面の埴輪列として据えおかれたものと考えられる。円筒埴輪は四条五段（五段積みで、あいだに四本の突帯をもつ）以上、直径四〇〜五〇センチある。陪塚の埴輪（三条四段）とくらべると一まわり大きい。

円筒埴輪以外に特殊な蓋《きぬがさ》形埴輪にふれておきたい（図39）。これは、「立飾《たちかざ》り」というパーツをもたないもので、類例は古市古墳群の誉田御廟山古墳や古室山《こむろやま》古墳など畿内の古墳に集中する。岡山では造山古墳で初の出土である。この蓋形埴輪は複数個体出土しており、おそらく墳丘一段目平坦面に、一定の間隔で配置されていた可能性がある。

葺石を確認

遺構については葺石を確認できたことが大きい。造山古墳が葺石をもつことはいままでもいわれてきたが、発掘調査によってオリジナルの墳丘面を確認し記録できた。墳丘構造にかかわるデータは今後の墳丘復元の基礎資料となるだろう。

図38●造山古墳前方部側面の葺石（2019年度調査T3）
最下段にならぶ基底石はやや大型の石材を用いている。葺石は地山を削り、整地土を入れて造成した地盤の上に積まれている。

確認された墳丘の外側に周濠や平坦に造成されたテラスがあるのかどうかは今後の課題として残るが、二〇一九年度までの発掘によって、前方部西側面の墳丘範囲はとらえることができた。一方、後円部や前方部前端の範囲確認調査では、十分な成果をあげることができなかった。これらは今後の課題として残されている。

なお、二〇〇九～一一年に岡山大学が墳丘周辺を発掘し、この発掘成果をもとに造山古墳に周濠が存在した、と発表している。しかし、周辺の地形やこれまでの岡山市の発掘成果などから周濠はないとみる考え方もある（白石太一郎・広瀬和雄他）。二〇一六年度調査では周濠の候補地を発掘したものの、その確証をえることはできなかった。周濠存否問題は今後に残された課題である。

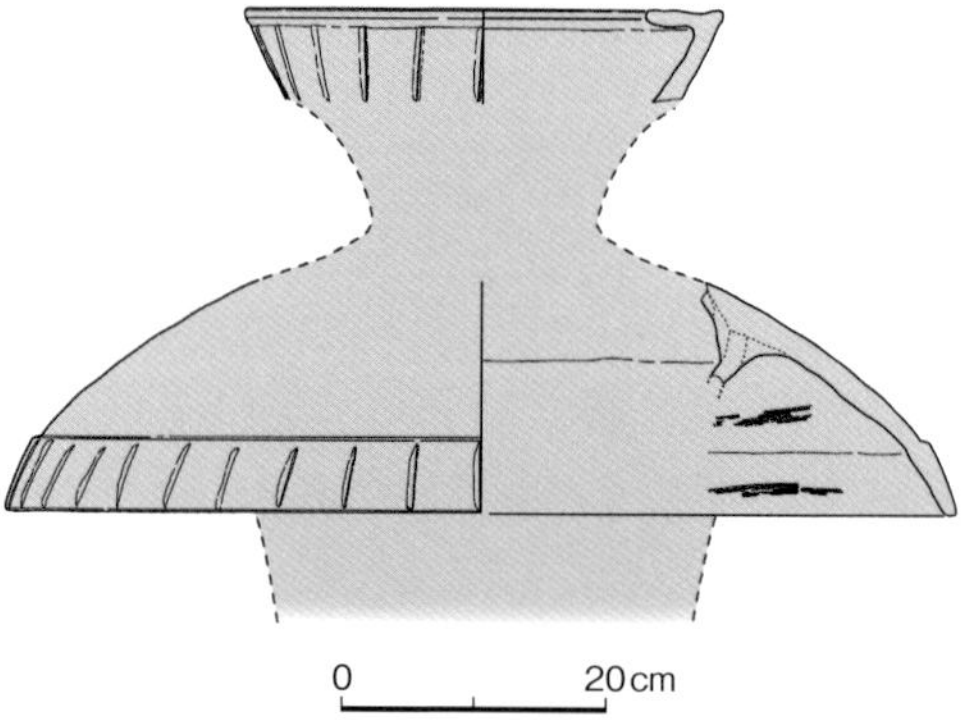

図39● 後円部から出土した埴輪

造山古墳の発掘では立飾りをもたない特殊な蓋形埴輪が後円部・前方部ともに出土している（上の実測図）。また、円筒埴輪は高さが4条5段以上ある大型品が出土している（下の写真）。円筒埴輪のサイズは千足古墳や第2古墳から出土した3条4段のものより一まわり大きい大型品とわかった。

第5章　だれが埋葬されているのか？

1　榊山古墳の被葬者

陪塚の被葬者からさぐる

造山古墳にどのような人物が埋葬されているのかは不明である。これほどの規模でありながら『日本書紀』などにも記録がなく、後円部にあるはずの埋葬施設は発掘調査されておらず、くわしいことはまだわからない。ただ、巨大な墳丘をつくることができた実力者であることはまちがいない。もう少し具体的な人物像に迫ることはできないのだろうか。被葬者に迫る手がかりを陪塚（図40）からさぐってみたい。

副葬品の内容で注目されるのは榊山古墳（第一古墳）である。直径三五メートルの円墳とみられる。谷をはさんで造山古墳にもっとも近く、墳丘もほかの陪塚より高い位置にある。造山古墳の被葬者とより近いに関係にあったことがうかがえる。築造は五世紀前半とされる。

埋葬施設は、一九一二年に発掘されたとき、墳頂部中央から高野槇《こうやまき》製の割竹形《わりたけがた》木棺がみつかっている。このときの痕跡がいまも墳丘中央に凹みとして残されている。出土した副葬品は、同時に掘られた千足古墳の副葬品と混在してしまったらしい。

乱掘当事者から聞き取りした和田千吉の報告によると、榊山古墳から出土したとされる副葬品の内容は格別だ。なかでも馬形帯鉤や龍文透《りゅうもんすかし》金《か》具《なぐ》など大陸からもたらされた遺物が注目される。このほか榊山古墳周辺の田畑から伽耶《かや》系（朝鮮半島南部）の陶質《とうしつ》土器が出土している。

馬形帯鉤

帯鉤とは腰帯の留金具である。動物を模してつくられ、象眼や鍍金《ときん》（メッキ）が施されるも

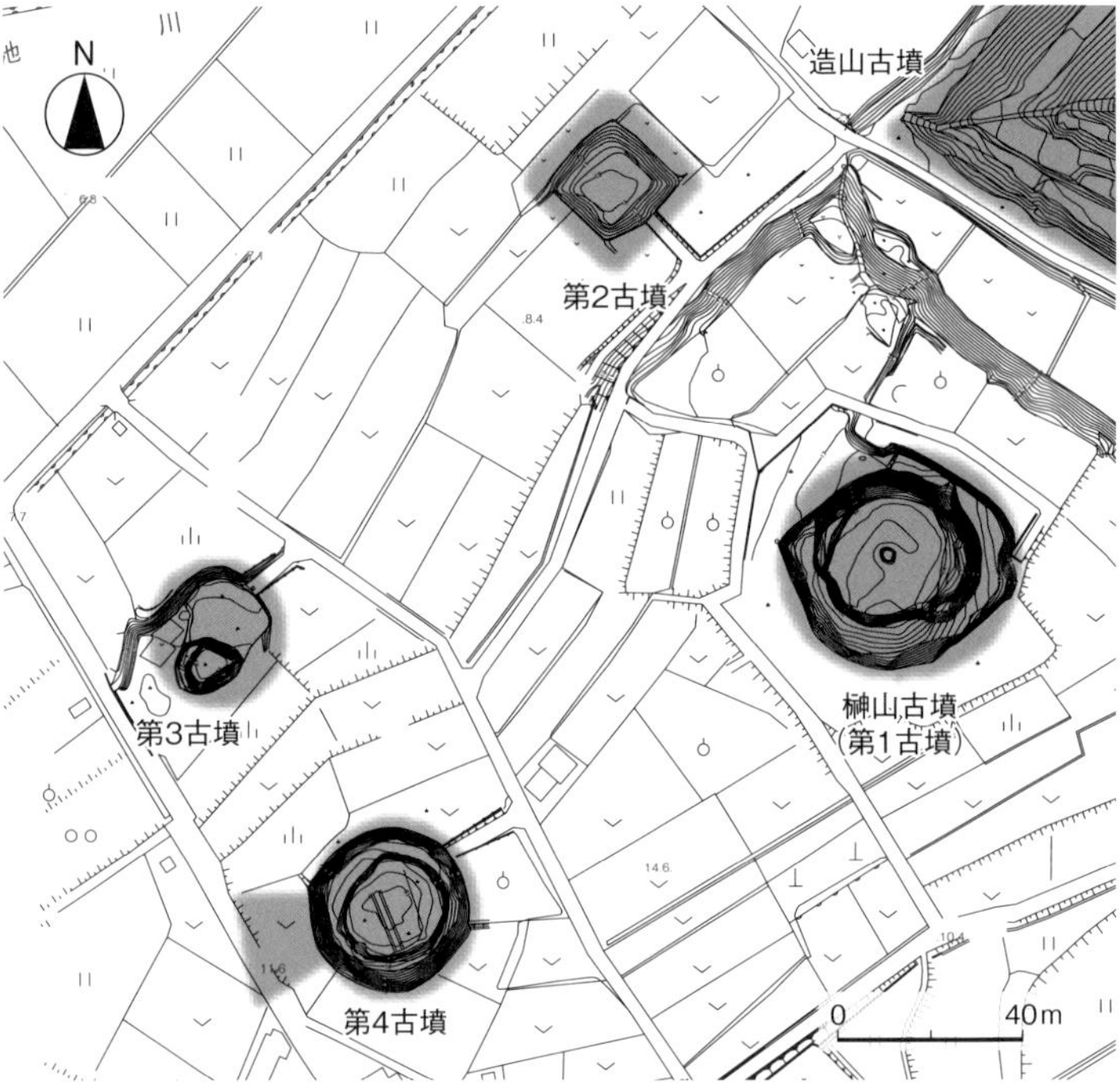

図40●榊山（第1）・第2・第3・第4古墳の位置
低い尾根を利用したことで、このような立地になる。第2古墳、第3古墳の北側は一段下がる地形になる。いずれも周囲を削平され、残丘となっている。とくに第3古墳はほとんど原形をとどめていない。第2古墳以外は今後の発掘調査で範囲をおさえなくてはならない。

のもある。国内では非常にめずらしく、伝・榊山古墳例以外では、長野県長野市の浅川端《あさかわばた》遺跡から一点出土しているのみである。出土した馬形帯鉤は四世紀から五世紀初頭にかけて朝鮮半島南部、洛東江《らくとうこう》中流域で流行したものとされる。

伝・榊山古墳出土品は六点ある（**図41**）。青銅製である。これとセットになる環状銅製品が一点出土している。前足がフック（鉤）になり、環状銅製品をここに引っかける。裏面にはキノコ状の突起があり、これに帯の端を固定する。

龍文透金具

一点出土している（**図42**）。青銅製で表面に鍍金が残存する。二匹の龍が透彫りで表現される。桃崎祐輔によると、馬具の飾り金具とされる。国内では伝・榊山古墳例一点のみで、非常にめずらしい副葬品だ。分析し

図41 ● **馬形帯鉤（伝・榊山古墳出土）**
榊山古墳または千足古墳から出土したといわれる。古墳出土品としては国内唯一の例になる。長さ約9～10cm、幅約5～6cmのサイズで、前足がフックになり、ここに環状銅製品（最上段左）を引っかける。裏面には帯をかける突起がつく。

た土屋隆史によると、中国東北部（三燕）に起源があり朝鮮半島をへて吉備へもたらされたと推定される。ともに出土した金銅製多孔鈴《たこうれい》も中国東北部産と推定される。

　このように榊山古墳からはエキゾチックな舶来品が多数出土している。種類や量も豊富だが、そのなかには倭王権中枢にも出土例のない希少性の高い副葬品が含まれていた。これらの出土品から、榊山古墳の被葬者は、吉備と朝鮮半島とを結ぶ人物（外交的な職を担った人物か）と推定される。

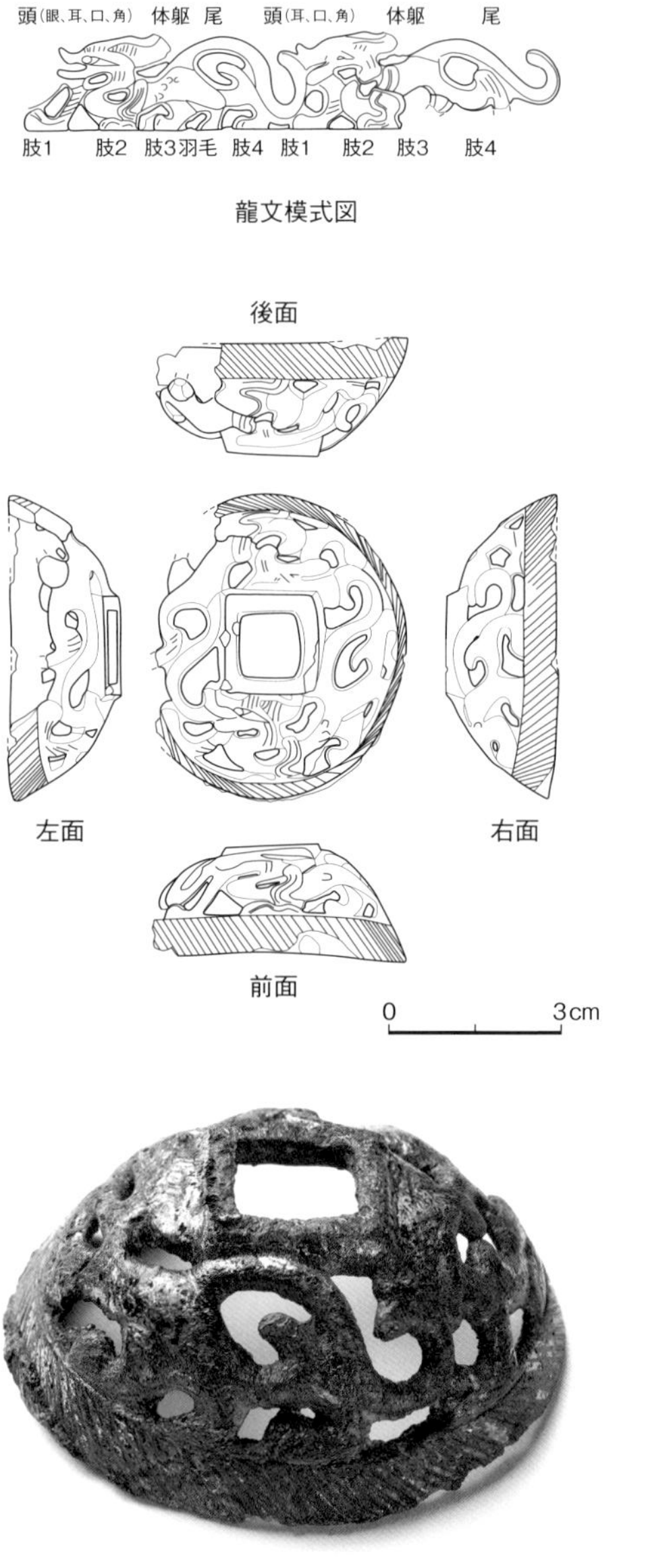

図42 ● 龍文透金具（伝・榊山古墳出土）
2匹の龍が透彫りされている。長さ5.2cm、幅4.3cm、厚さ2cm。馬形帯鉤とともに国内で類例のない貴重品。桃崎祐輔によると、同形品は中国東北部の4世紀代の墳墓にみられ、鞍にとりつけられた部品と考えられる。

2　千足古墳の被葬者

石室と埴輪から推定する

千足古墳では榊山古墳と同様多くの副葬品が出土したが、鏡など一部を除き、多くは失われてしまった。発掘された副葬品の多くは鉄刀・鉄鏃《てつぞく》（矢じり）などである。銹《さび》におおわれた鉄器は重要に思われなかったのだろう。われわれの発掘時に乱掘坑の埋土から、破片となった鉄製品が多数出土している。このほかに地元の人から千足古墳出土品とされる鏡や玉類などの遺物が岡山市に寄贈されている。

千足古墳の個性が際立つのは第一石室だ（図12参照）。九州を除く列島では最古級、五世紀前半の初期横穴式石室である。千足古墳では二つの初期横穴式石室が確認されているが、内部構造がよくわかるのは第一石室である。その特徴は玄室に「石障」とよばれる板石を箱形に組み、さらに内部を仕切石で区切り、屍床（遺体を置く場所）をつくる。肥後地方を中心にみられる独特な石室のつくり方だ。

石障より上部の側壁は隅角を消すようにドーム状に板石を積み上げ、天井石を三枚置く。仕切石には表面と上面に直弧文など文様を彫刻する。石室内部を直弧文などで装飾する方法も九州の横穴式石室の特徴と共通する。

出入口となる玄門は重厚なつくりだ（図43）。ここにも分厚い石障を立て、中央の通路部分の石障（前障）はU字形にくり込みを入れる。両脇に立柱石を立て、あいだを幅約六〇センチの狭い通路とする。玄門の閉塞は安山岩の板石一枚を用いて封印する。

玄室の平面形が正方形でなかったり、天井が平たい点は、肥後形の定義と異なるが、第一石室は、石室づくりを熟知した設計者・技術者がいなければ築くことはできない。一方、玄門外側の羨道部は北部九州の初期横穴式石室に類似する。玄門から約二メートルまでは、玄門天井の高さまで板石を積み上げる。上からみると「ハの字形」に広がるように板石を積み上げる。それより外の構造は、乱掘で破壊されていたため不明である。千足古墳の場合は、福岡県の釜《かま》塚《つか》古墳や鋤崎《すきざき》古墳のような竪穴状墓道と考えられる。玄室が肥後形で羨道部が北部九州形の特徴をもつ石室を柳沢一男は「筑肥形《ちくひがた》」とよんでいる（**図44**）。千足古墳は筑肥形石室の代表例といえる。

図43 ● 千足古墳第1石室の玄門
入口にあたる前障中央には、U字形のくり込みがある。玄門は天草砂岩製の板石を立柱石とし、その奥には一枚石の閉塞石が当時のまま残る。前障のくり込みは肥後形石室に共通する特徴である。

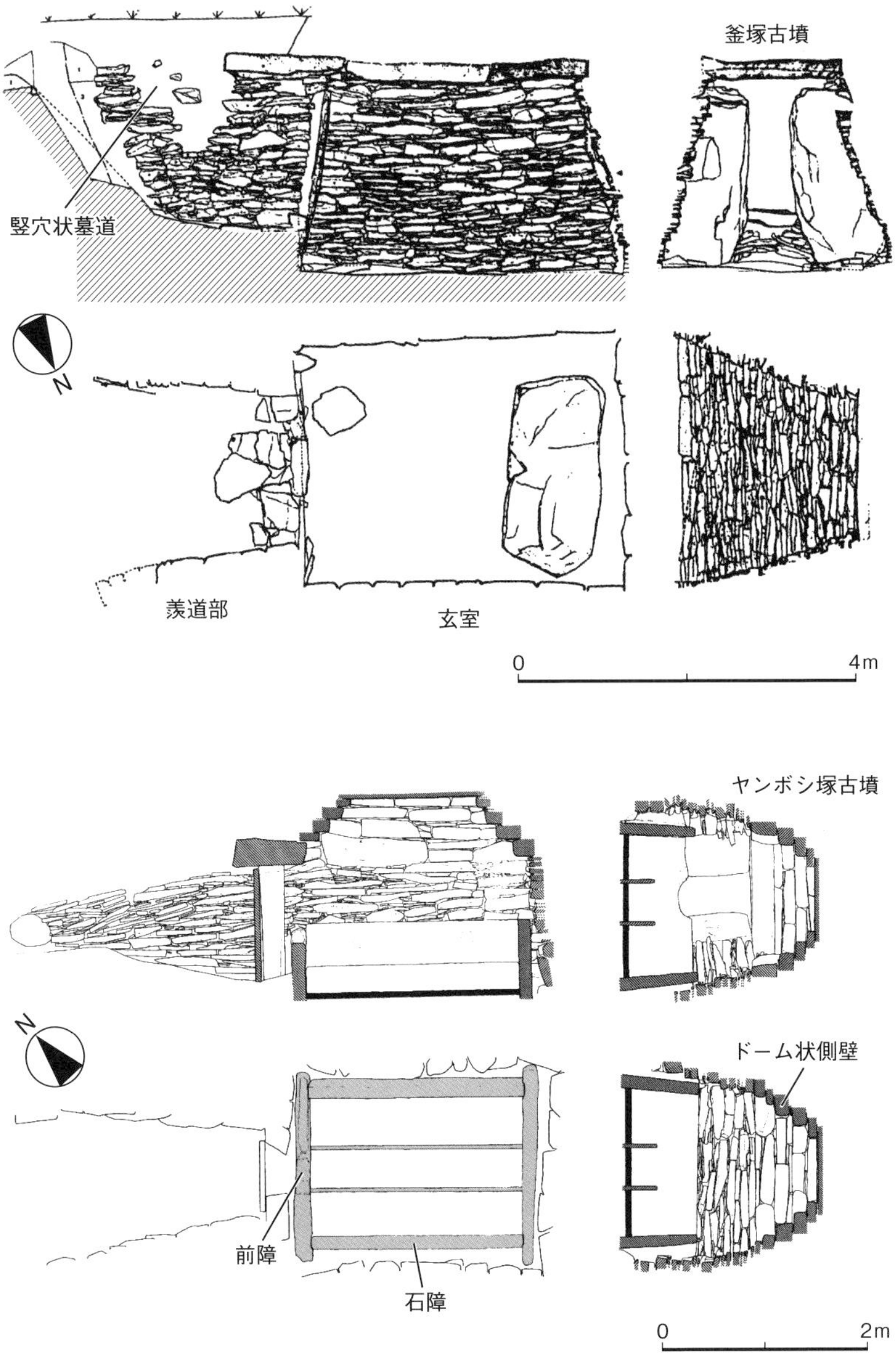

図 44 ● 釜塚古墳（上）**とヤンボシ塚古墳**（下）
釜塚古墳は糸島半島（福岡県糸島市）にある。羨道部は急斜面になって墳頂部に入口がつく。千足古墳も同様の構造とみられる。ヤンボシ塚古墳は宇土半島（熊本県宇土市）にある。石室は復元図。外周の石障を長方形に組み、前障にくり込みがあり、側壁をドーム状に積み上げる姿は千足古墳と共通する。

石材へのこだわり

設計上の特徴以外に使用される石材にもふれなくてはならない。石障・仕切石・屍床・玄門立柱は天草砂岩、側壁・閉塞石・天井石・奥壁は香川の安山岩が使われている（図45）。この安山岩は前方後円墳の竪穴式石室に使用されることの多い吉備の伝統的な石材である。一方、地元の石である花崗岩は玄室の一部や背後の裏込めなどで使用され、目にみえるところはほとんど外来の石材でつくられている。使用する石材にたいする造営者のこだわりが伝わってくる。

ベンガラとみられる赤色顔料が玄室の側壁と羨道部側壁にみられる。しかし、天草砂岩には赤色顔料の痕跡はなく、着色の使い分けがみられる点は興味深い。

石室づくりに九州の技術者が直接かかわっていることはまちがいなく、使用された石材の量・質は当時の吉備政権の実力を示している。埋葬施設がその被葬者の出身を反映しているとみれば、九州（肥後地方）にルーツをもつ人物が埋葬されている可能性が考えられる。あるいは千足古墳の築造に吉備政権内で九州との交流を担った人物がかかわったとみることもできる。

一方、第二石室の被葬者を知る手がかりは少ない。石室の構造は、第一石室と同様、初期横穴式石室とみられるが、石の積み方が緻密ではなく、石材も地元の花崗岩を主に使用し、安山岩は少ない。石室は強度不足のため上部が崩れたようにみえる。石の積み上げがうまくいかなかったのかもしれない。石室づくりに九州の技術者が直接かかわったかどうか、疑問だ。ただし、発掘調査の結果、墳丘中軸線をはさんで、第一石室とならんで築かれていることから、第二石室の設置はあらかじめ計画されていたようだ。被葬者は第一石室の被葬者とかかわりが深

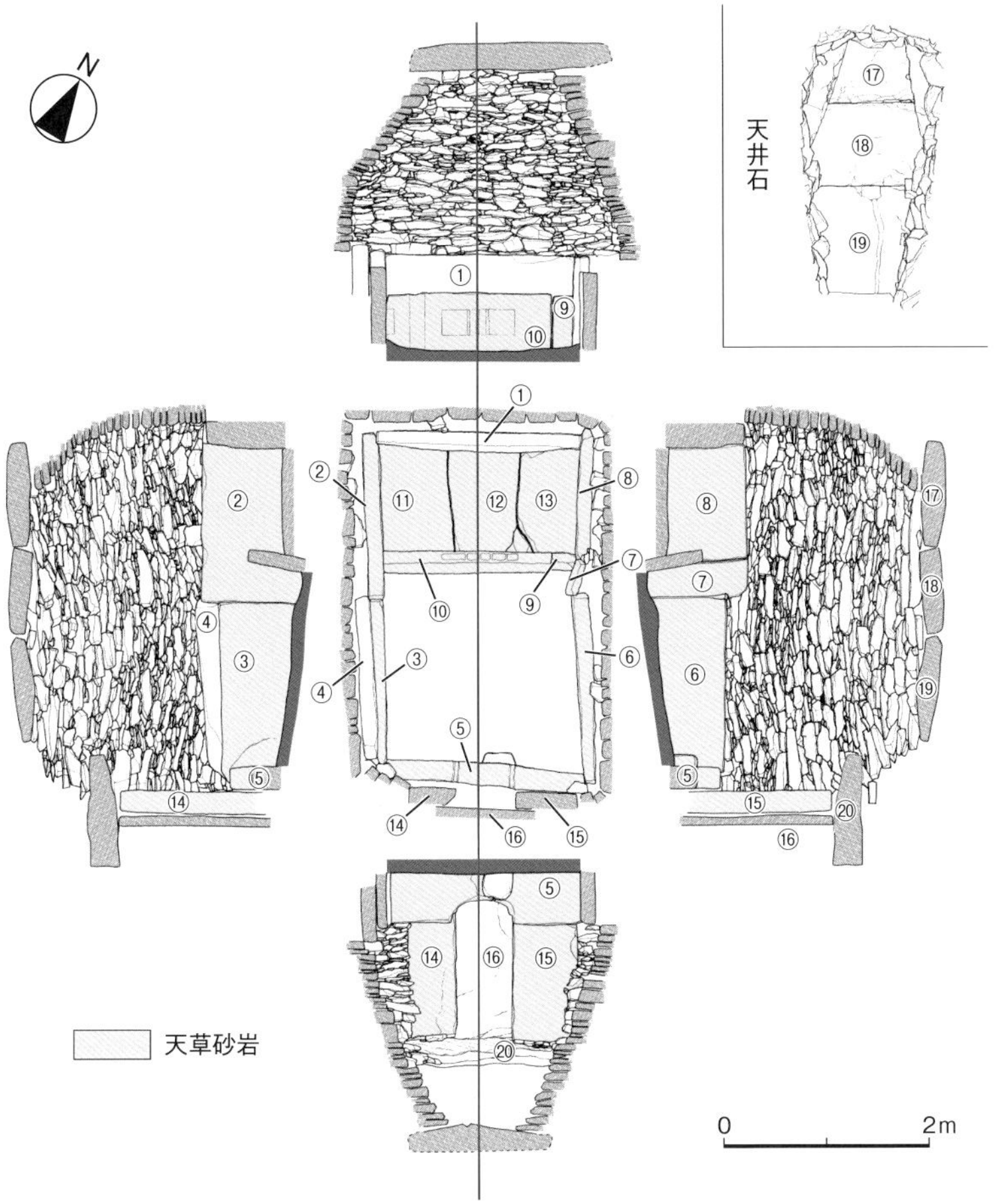

番号	石材	部位
1	安山岩	奥障
2·3	天草砂岩	西側障
4	安山岩	西側障奥
5	天草砂岩	前障
6～8	天草砂岩	右側障
9·10	天草砂岩	仕切石

番号	石材	部位
11～13	天草砂岩	屍床
14·15	天草砂岩	玄門立柱
16	安山岩	閉塞石
17～19	安山岩	天井石
20	安山岩	羨道部天井石

図45 ● 千足古墳第一石室の使用石材
赤線は石室の中軸をしめす。天草砂岩と安山岩を使用する。側壁の一部に地元の花崗岩が使われているが、目にふれるところはほぼすべて外来の石材を使う。設計者の徹底したこだわりが印象的だ。

い人物と考えられる。

　墳丘は帆立貝形古墳である。この墳形は、前方部を短くする規制を受けたとみるのが一般的だ。墳形のほかに葺石・周溝といった要素も欠落している。造山古墳に従属する立場だったことを反映しているのだろう。

　千足古墳からは埴輪が多数出土している。目を見張るのは形象埴輪の種類の多さである。墳丘西側で確認された周溝状遺構からは、盾形埴輪・甲冑形埴輪・靫形埴輪が出土し、第二石室の埋土から家形埴輪・蓋形埴輪が出土した。これほど多種の形象埴輪をもつ古墳は、首長墳とされる一部を除き、吉備では多くない。

　とくに靫形埴輪は上半部がよく残り、その全体像が復元できた（**図47**）。矢筒部と背後の半円筒部の接合方法や飾板《かざりいた》に線刻された鏃の表現は畿内の靫形埴輪と類似する点が多い、一方、矢筒部表面や飾板に描かれる直弧文風のデザインはこれまで類例がない。畿内の埴輪製作技術を導入しつつ、地元の工人が主体となって製作したのだろう。

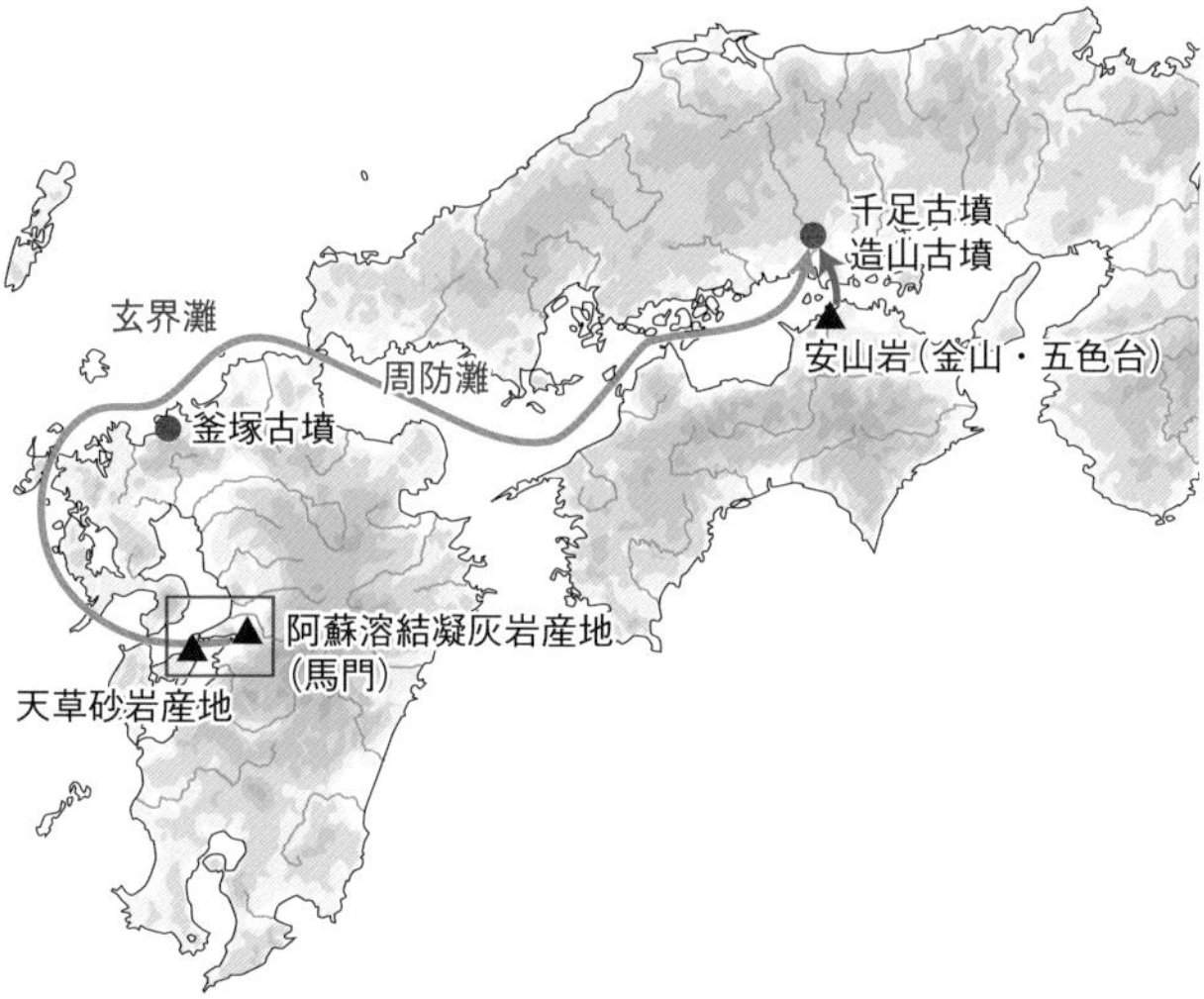

図46● 宇土半島から吉備への石材搬入ルート
宇土半島から吉備へは、島原半島をへて玄界灘から瀬戸内海へ入る海上ルートをとったと推定されている。安全に吉備まで運搬するために、通過する地の首長とのネットワークや海上ルートの掌握があったと考えられる。

わからない点が多い陪塚

これ以外の第二・三・四・六古墳は埋葬施設の内容は知られていない。第三古墳を除き安山岩が採取されていることから、埋葬施設は石室をもつと推測される。第三古墳は墳丘が一部しか残っておらず、実態は不明だ。陪塚とされる六基に前方後円墳は含まれていない。墓づくりに一定の規制を受けたことを反映している。

第二古墳は方墳という格下の墳形でありながら、葺石と周溝をもつ。規模も一辺三〇メートルと同時期の吉備の方墳では上位クラスだ。埴輪も多数出土しており、蓋・盾・盾持人などの形象埴輪が周濠から出土している。古墳群内で最後の築造とみられる。

第四古墳は墳丘周辺の小規模な発掘だったが、周溝状遺構から家形埴輪・甲冑形埴輪が出土している。墳形も千足古墳と同じく帆立貝形古墳の可能性が高い。第六古墳は古墳群のなかではもっとも南に位置する。径約三〇メートルの円墳である。高さは約五メートルあり、墳丘上に

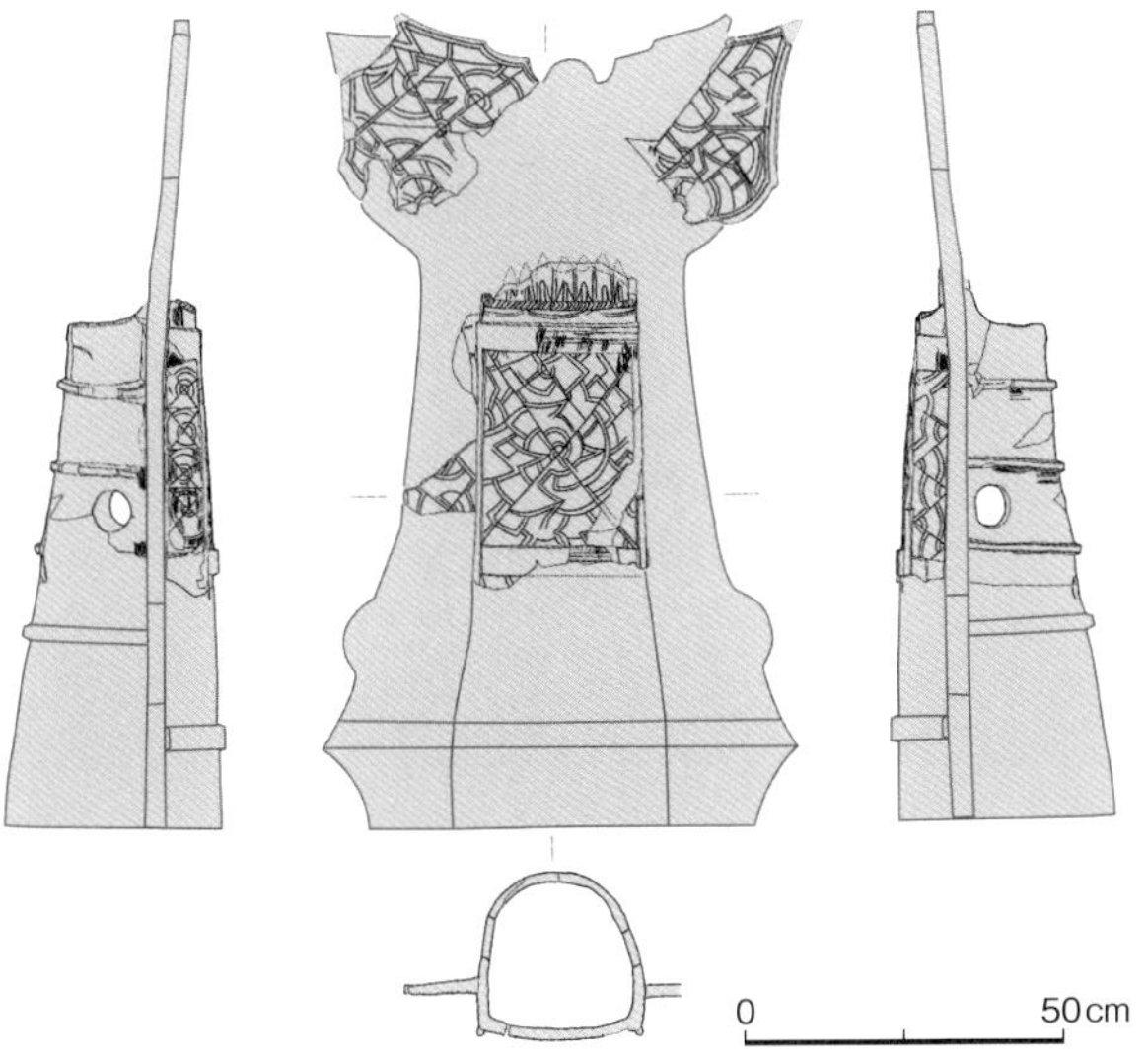

図47 ● 千足古墳出土の靫形埴輪
前方部の周溝状遺構から出土した。矢筒部と背後の半円頭部を一体につくり、両サイドの飾板は後に接合する。矢筒部側面の直弧文風の線刻は右と左でデザインが異なる。鏃の表現は飾板に線刻してある。復元にあたって奈良県室宮山古墳出土例を参考にした。

は安山岩が散見される。千足古墳と同様、埋葬施設に初期横穴式石室があった可能性がある。

3 独自のネットワークと倭王権とのつながり

榊山古墳と千足古墳の内容をみると、いずれも外来系の要素が残されている。榊山古墳の副葬品とされる馬形帯鉤など大陸系の資料から、その被葬者は朝鮮半島との外交を担った人物と推測した。一方、千足古墳では九州系の埋葬施設の存在から、肥後にルーツをもつ、九州方面の外交を担った人物が推測される。

それぞれの要素は、倭王権の中心地である畿内に類例がみられない。このことから、吉備政権が各地とダイレクトにつながる独自のネットワークを築いていたことが考えられる。独自のネットワークをもつには、定期的な往来にともなう費用や安全な交通ルートの確保など、自立した地方政権としてそれなりの体裁をなしていなければならない。また、後述する造山古墳群周辺で出土している渡来系の考古資料は、吉備における渡来人の定着や製陶・鉄器生産など最新技術の導入などを示している。吉備政権のネットワークは九州を超えて遠く朝鮮半島まで広がっていたことがうかがえる（図48）。

一方で、出土した埴輪や前方後円墳の特徴は、畿内の最新のトレンドをとり入れており、倭王権中枢部とも良好な関係をもつ。吉備の王は倭王権の一翼を担いながら多方面に展開するネットワークを背景に地域政権の運営をおこなっていたことがうかがえる。巨大な墳丘造成を可能としたのは、岡山平野を基盤とする農業生産力のみならず、瀬戸内海航路を利用し多方面に展開するネットワークがその背景にあったのだろう。

4　直弧文の謎

千足古墳仕切石の直弧文

これまで千足古墳の被葬者について、石室構造や埴輪から迫ってきたが、仕切石の直弧文にはふれていない。仕切石の見方をとおして、被葬者に迫ることはできないか。

千足古墳の仕切石の文様はつぎのように構成されている(図49)。正面からみて左から、①B型図形を半截《はんせつ》したもの(半截B型)、②湾曲した帯を表現したもの(忍岡系《しのぶがおかけい》文様とよばれることがある)、③A型単位図形が二個、さらに上面に④Z字形に曲がる帯(鍵手文《かぎのてもん》)となっている。

①〜④の図形は、帯を曲げたり絡ませて描いて

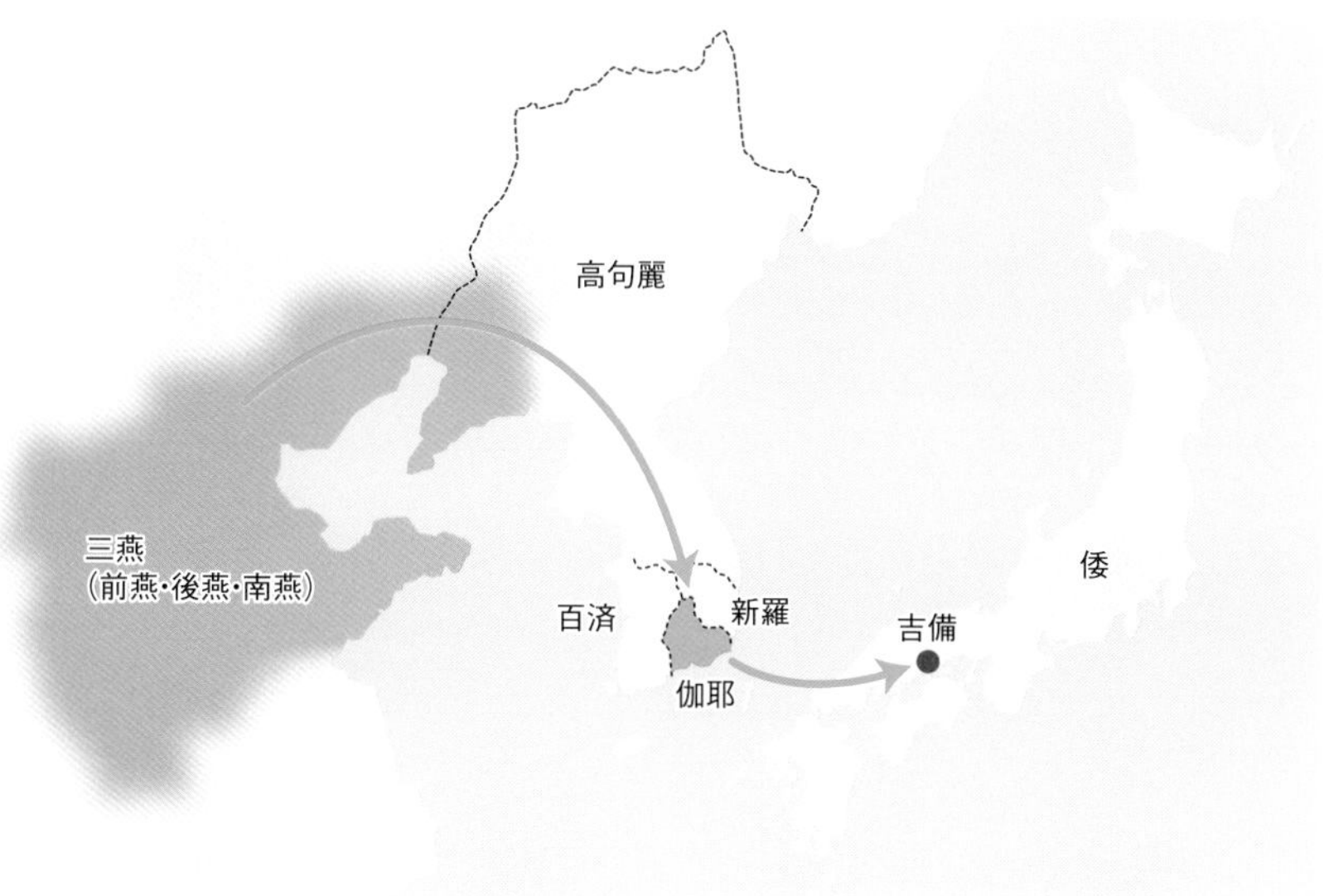

図48●大陸から吉備への経路
伝・榊山出土品のうち龍文透金具や金銅製多孔鈴など中国東北部にルーツをもつものは、倭へダイレクトに搬入されたのではなく、伽耶(朝鮮半島南部)をへて、馬形帯鉤とともに吉備に搬入されたと考えられている。

ある。この帯は平行する五本一組の線であらわされ、五線表現や五線帯などとよばれる。

A型とは、斜交軸の中央を旋回し反転する帯（図50A型のa）をもち、B型とは、斜交軸を帯であらわし（図50B型の茶色と緑）、先端が鋭い帯表現をもつ（図50B型のb）。

A型、B型の分類や五本線の帯表現など、直弧文分析の基礎は、直弧文と名づけた濱田耕作や戦前に千足古墳の調査にかかわった小林行雄の研究によるところが大きい。

③のA型直弧文は、ほぼ正方形の区画内に対角線として斜交軸を描く。その斜交軸の交点を中心として渦巻き状にまわる帯を浮彫状に表現する。二つの直弧文のあいだには五線であらわされた縦帯と刻み目のある縦帯が彫刻されている。帯表現は五線が古く、時期が下ると三線や二線となる。むかって右側の直弧文は渦状の帯が左まわりに、左側の直弧文

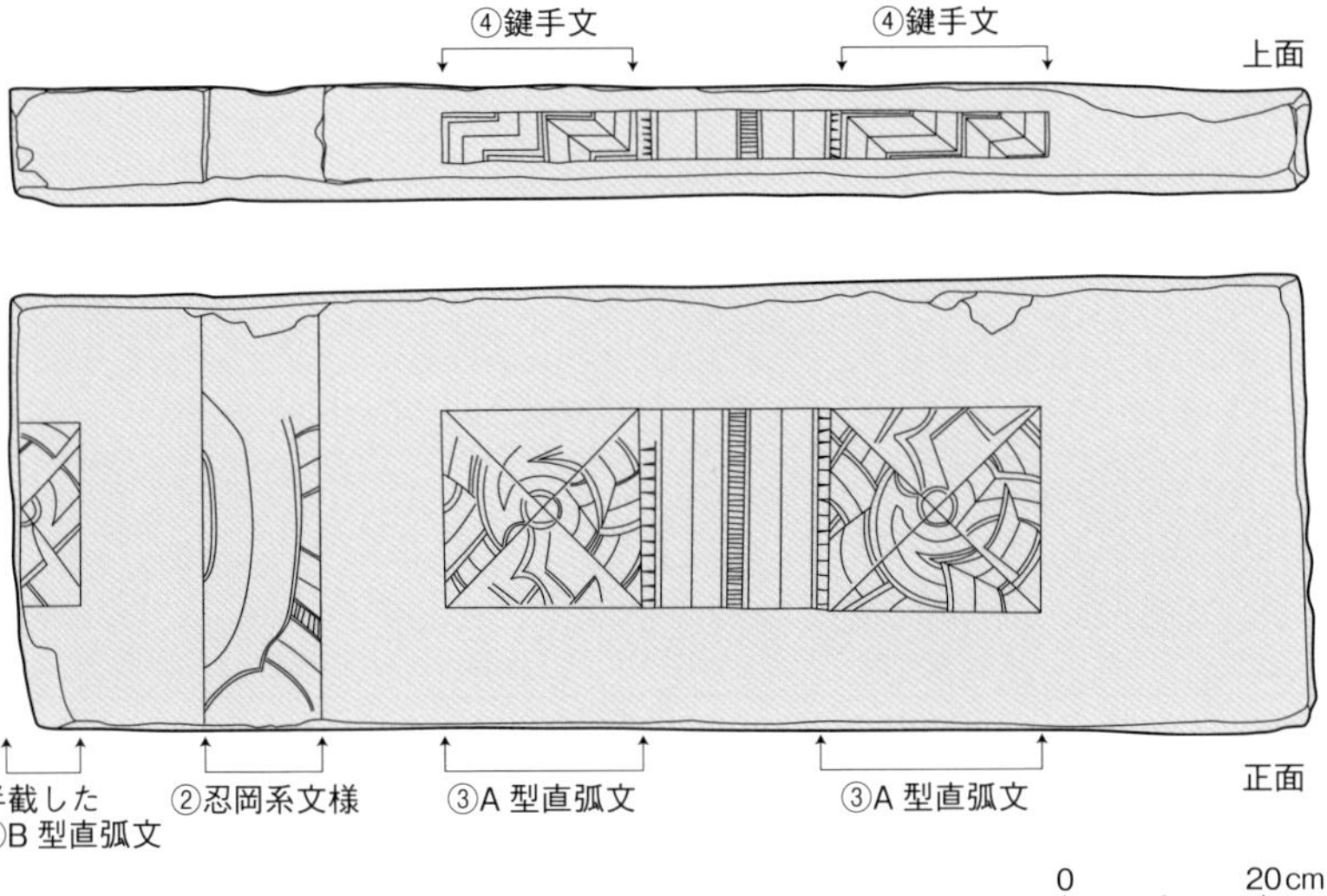

図49 ● 仕切石の直弧文の模式図
損傷する前の仕切石。注目されるのはすべての文様が5線一単位の帯で表現されている点である。斜交軸（×の表現）もじつは一定の幅をもつ帯であり、A型ではほかの帯に埋もれて線の表現になり、B型では斜交軸と並行に走る線（帯の幅）が観察できる。千足古墳の場合、基本図形に対して、A型の③左では反時計まわりに90度回転させ、右側ではさらに水平を軸に反転させる。一方、B型の①は水平を軸に反転させる。

は右まわりとなり、水平を軸に反転した関係にある。

さらに細かく観察すると興味深い事実がみえてくる。①は、B型直弧文を半截したものである。浮彫表現のB型直弧文は、全国でこの一例のみとされる。割れて文様が切断されているかのようにみえる。しかし、よく観察してみると、文様が描かれる区画の縦幅は③の区画の幅と同じなのに、横幅は三分の一ほどに狭くなる。

彫刻した後に仕切石を切断して半截の図形になったのであれば、現状の切断位置では斜交軸の交点はあらわれない。しかし斜交軸の交点は仕切石の端に描かれている。製作者が意図的に半分だけ描いたものと考えられる。そして、斜交軸の交差角度を直角に描いた結果、斜交軸は区画の隅と一致しない位置になっている。なぜこのような表現を採用したのかは不明であるが、古墳時代人の意図を感じる興味深い表現である。

④は、帯を直角に曲げてあらわす文様を鍵手文とよび、直弧文とあわせて使用されることが多い文様である。千足古墳では、五線帯で浮彫表現した鍵手文二組を一単位

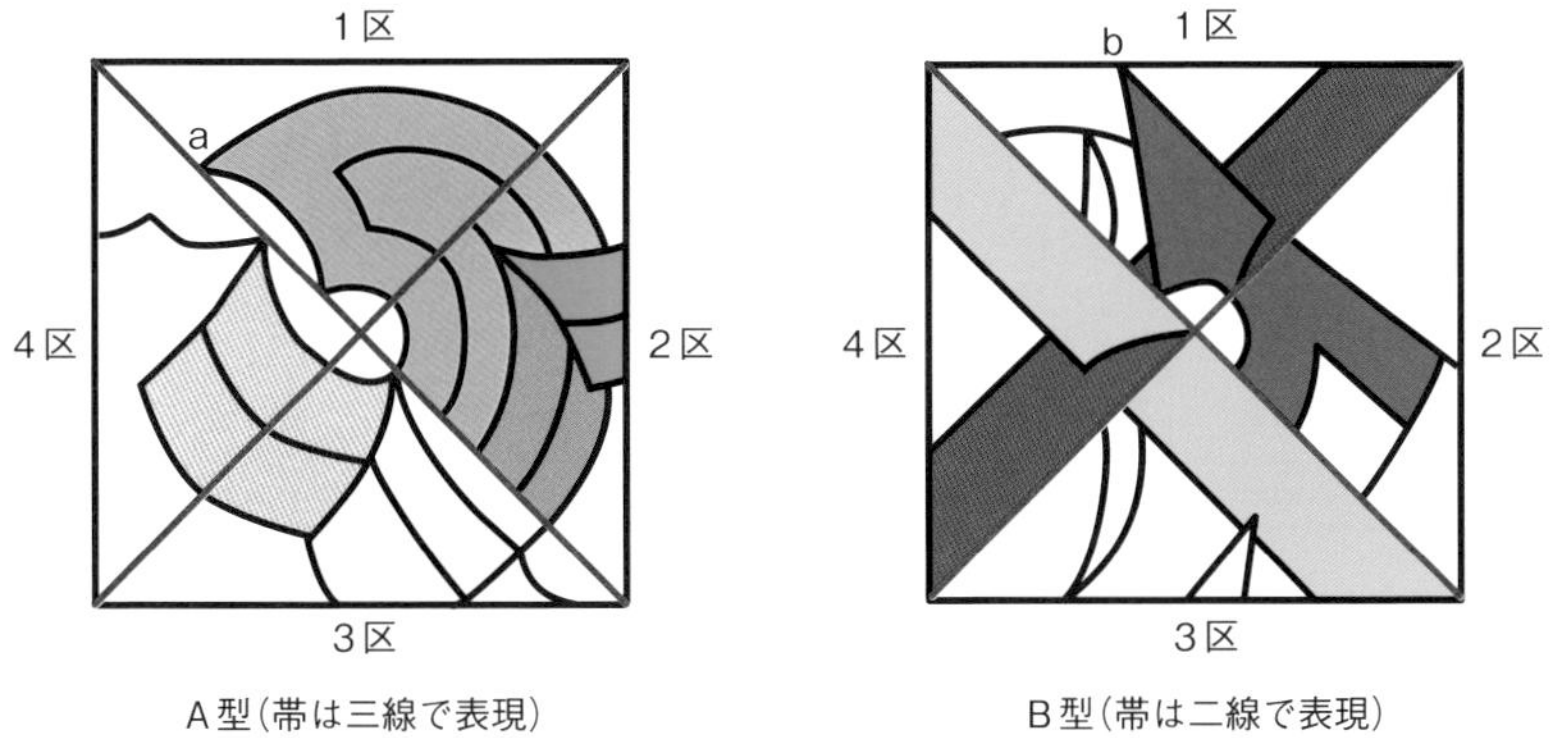

図50●直弧文の基本図形
A型は交点をめぐる帯（橙色）が斜交軸（赤）に2度接して大きく反転する（a）。B型では斜交軸に一度接して先端が鋭く尖り（b）、斜交軸の帯幅が示される（茶色と緑色）。基本図形は斜交軸によって4分割され、aまたはbを含む区画を1区とし、時計まわりに2～4区とよばれる。各地でみつかる直弧文は、この基本図形を守りながら回転させたり、反転させて描かれる。

としている。上面の鍵手文と正面の③の直弧文は、幅や縦帯の位置が合っている。直弧文を上からみたイメージだろうか？

仕切石の置き方

目を転じて、千足古墳の仕切石の置き方にも注目したい。仕切石は大小二枚の板石をならべているが、仕切石が石室の幅に足らず、あたかも小さい方の板石を継ぎ足したようにみえる。しかし、石室と文様の位置関係をみると、主文にあたる③の二つのA型直弧文のあいだに描かれた刻目のある縦帯は石室の中心線とほぼ一致するように置かれている（**図45参照**）。直弧文の描き方や仕切石の置き方に一見不自然にみえる点があるが、よく観察してみるとこれらの点は千足古墳の石室つくりにかかわった人物が意識的にそうしているということがうかがえる。千足古墳の仕切石は、観察すればするほど何か面白いことがみつかる遺構なのである。

第６章　吉備政権を支えた人びと

１　超巨大古墳築造の源泉

王の住まいと集落

造山古墳の被葬者が独自のネットワークをもった実力者だったということが、榊山古墳・千足古墳からみえてきた。では、その人物はどこに、どんな住居に住んでいたのか。

造山古墳の被葬者の住居はまだみつかっていない。群馬県の三ツ寺I遺跡では五世紀後半の、首長居館とよばれる、一辺八六メートルの方形で周囲に幅三〇メートル、深さ四メートルの濠をめぐらした、隔絶した規模の邸宅が発掘されている。一方、吉備では、造山古墳のほか作山古墳・両宮山古墳など巨大古墳が築造されているにもかかわらず、それにふさわしい規模の住居跡はみつかっていない。おそらく、古墳からみえるどこか、地下に埋もれているはずだ。吉備の首長居館の探索は残された課題である。

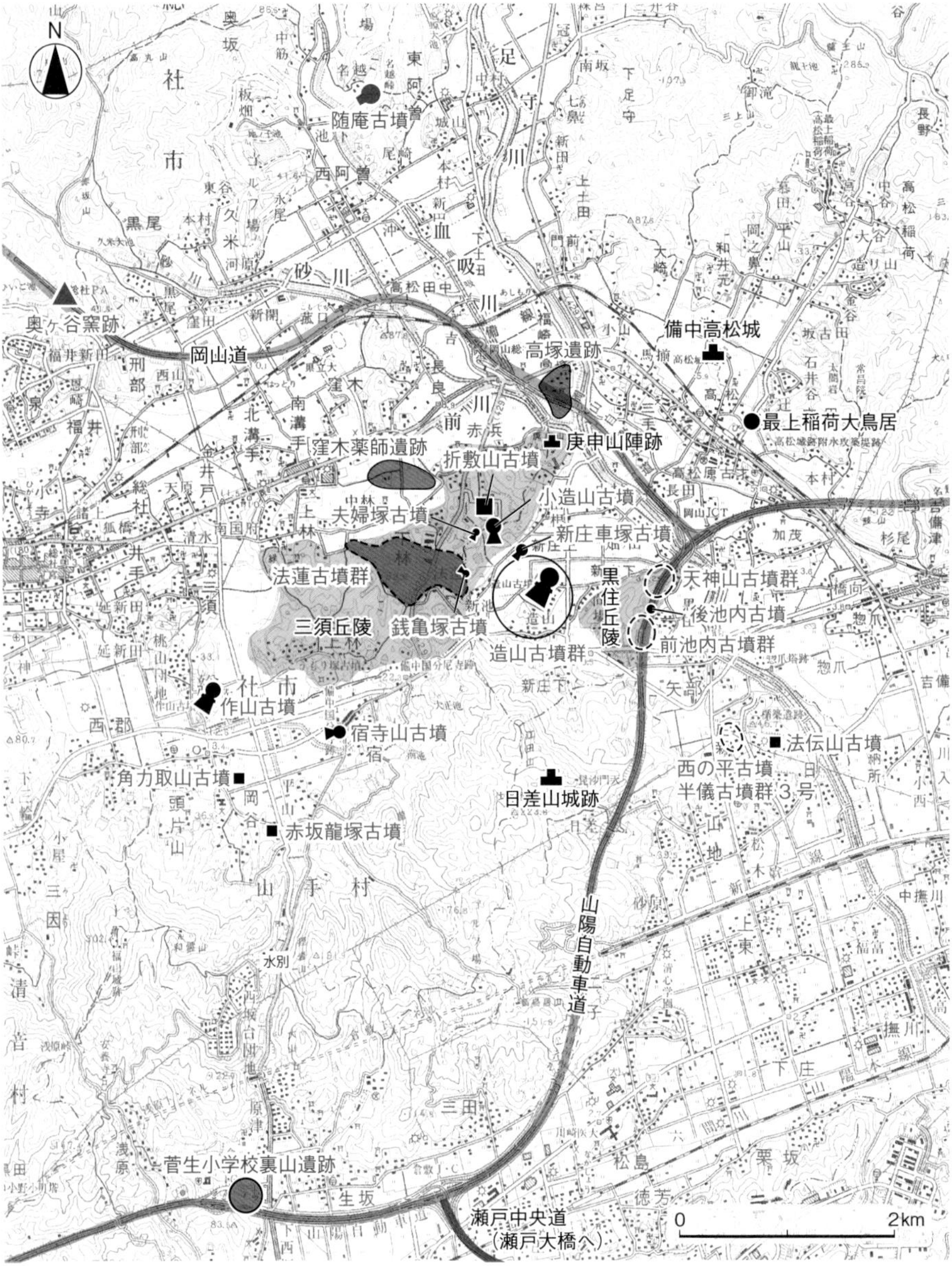

図51 ● 造山古墳周辺の渡来人の痕跡

造山古墳群周辺には多くの痕跡が残されている。いずれも5世紀代で、高句麗の南下による朝鮮半島の動乱が契機とされる。南の日差山を越えれば眼前に海がせまり、港湾的な遺跡も残されている。

では、古墳づくりに動員された人びとはどこに住んでいたのだろうか。造山古墳群の東に位置する足守川東岸地域と、総社市を流れ、岡山市との市境付近で足守川に合流する前川・砂川・血吸川流域（総社平野）に古墳時代の集落跡が展開する。これら総社平野・足守川流域は多くの重要遺跡が密集するエリアであり、吉備の中枢部とみてもいいだろう（図51）。

しかし、松木武彦によると、造山古墳築造の時期に総社平野・足守川流域では各遺跡の竪穴住居の数がなぜか激減するという。弥生時代後期〜古墳時代前期前半の竪穴住居が数多くみつかった津寺《つでら》遺跡や足守川加茂B遺跡などでは、前期後半から中期前半の住居が〇〜二、三棟に激減する。そのほかの遺跡においても同じような傾向を示す。

古墳づくりには近隣住民の労働力が必要だ。古墳に通える距離に居住していたと考えるのが自然だ。例外は高塚《たかつか》遺跡で、こ

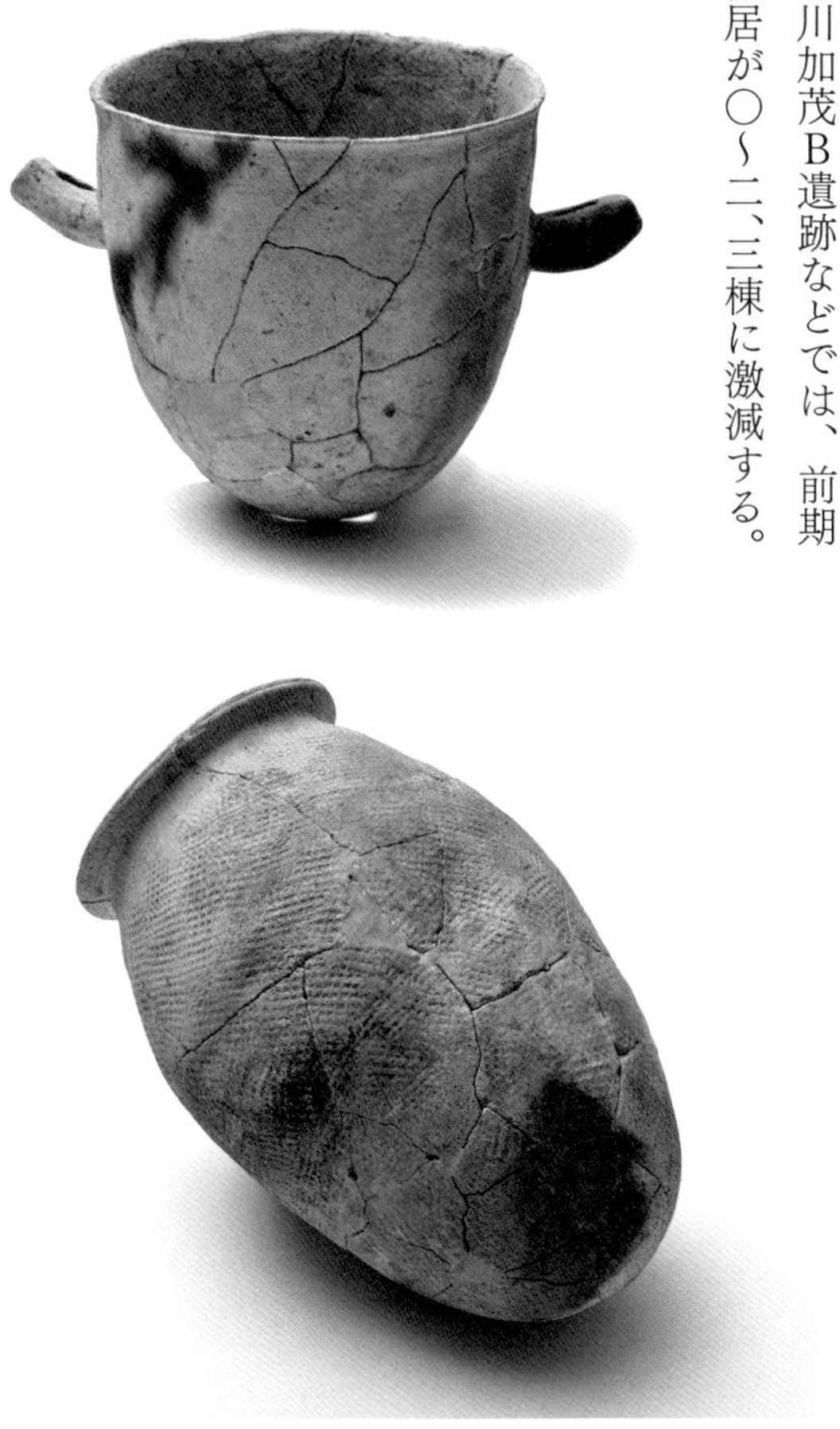

図52 ● 高塚遺跡出土の韓式系土器（上：甑、下：長胴甕）
韓式土器とは土師器と同じように野焼きされた土器で、器形やタタキ技法などが朝鮮半島でみられる土器と共通する。このことから渡来人の第一世代が製作したと推測されている（上：高さ23.5cm、下：高さ34cm）。

の期の竪穴住居が三十数棟みられる。また、高塚遺跡で注目されるのは渡来系遺物が多数発見された点である。住居の大半につくりつけカマドが付属し、渡来人の痕跡である甑など韓式系土器や初期須恵器が多数出土した（図52）。高塚遺跡は渡来人たちが定着した集落とみられる。前期の集落が消滅した背景として、居住形態が集住から分散居住へ変化したことが考えられる。分散居住の場合、発掘しても数棟の竪穴住居がみつかる程度であろう。この居住形態の変化が、みかけ上、竪穴住居が激減した原因にあるのかもしれない。

吉備の渡来人たちの痕跡

榊山古墳や高塚遺跡以外にも、渡来人たちの痕跡が造山古墳の周辺に残されている。吉備の渡来系文物については亀田修一によってまとめられている。ここでは亀田の研究を参考に、吉備における渡来系考古資料についてふれておきたい。

奥ケ谷《おくがたに》窯跡は造山古墳から北西へ約五キロ、総社平野北端の丘陵裾に築かれた半地下式の窯跡である。その創業時期は五世紀初頭で、吉備における最初期の須恵器窯である。これらは朝鮮半島洛東江下流地域（伽耶地域）の陶質土器の影響を受けたものとされる。操業期間は長くなく、確認された窯も一基のみであるが、吉備における須恵器生産のはじまりに渡来人たちがかかわっていたことを示す遺跡である。

窪木薬師《くぼきやくし》遺跡は総社平野に位置する集落遺跡である。五世紀前半の鍛冶《かじ》関連遺構が確認された。そのほか朝鮮半島系の土器・初期須恵器・鉄鋌《てってい》・鉄鏃などが出土しており（図53）、五世紀はじめごろ渡来人がこの地に居住し、鍛冶をおこなった遺跡と評価される。

菅生《すごう》小学校裏山遺跡は作山古墳の南約四キロに位置する。「水別《みずわかれ》」とよばれる小峠を越えたところにあり、かつて「阿知《あち》ノ海《うみ》」とよばれた浅海に隣接する。五世紀代の朝鮮半島系土器が出土しており、それらは伽耶、新羅、百済、全羅道《ぜんらどう》と多様な系譜をもち、瀬戸内海を介して海外をふくむ往来が盛んな港湾遺跡が存在したものと推測される。

随庵《ずいあん》古墳は総社平野を望む、吉備高原からのびる丘陵に築かれた墳長四〇メートルの帆立貝形古墳である（図54）。五世紀前半〜中ごろの築造とされる。後円部に竪穴式石室があり、その内部には鎹《かすがい》を用いた割竹形木棺が置かれていた。副葬品には衝角付冑《しょうかくつきかぶと》や三角《さんかく》板鋲留短甲《いたびょうどめたんこう》（図55）のほか鍛冶関連遺物（鉄鉗《かなはし》・槌《つち》・鏨《たがね》・鉄床《かなどこ》・鑢《やすり》・砥石《といし》）一式が納められていた点が注目される。当時木棺に鎹を用いることはめずらしく渡来人とのかかわりが推測される。鉄器生産にかかわる渡来人、あるいは渡来人の鍛冶技術者を統率した倭人を被葬者と推測している。

法蓮《ほうれん》古墳群は造山古墳の西約一キロ、三須丘陵に築かれた五、六世紀の古墳群で、約四〇基の小型の円墳・方墳からなる。副葬品は多くないものの、一部の方墳には初期須恵器やそれの影響を受けた土師器、胡簶《ころく》（矢の容器）を副

図53 ● 窪木薬師遺跡出土の鉄鋌
鉄鋌を素材に鉄器をつくる。窪木薬師遺跡では鉄器づくりの遺物・遺構が確認された。古墳時代中期では製鉄はまだはじまっていない。鉄鋌など材料を輸入し、鉄器づくりがおこなわれた。吉備で製鉄がはじまるのは6世紀まで待たなくてはならない。

葬されたものなど、渡来人との関係が無視できない。

　このように造山古墳の周辺には、五世紀以降、渡来人の定着をあらわす遺跡がみつかっている。この時期は朝鮮半島において高句麗が南下をはじめ、周辺地域への圧迫が強まったことも渡来人の増加と無関係ではないだろう。

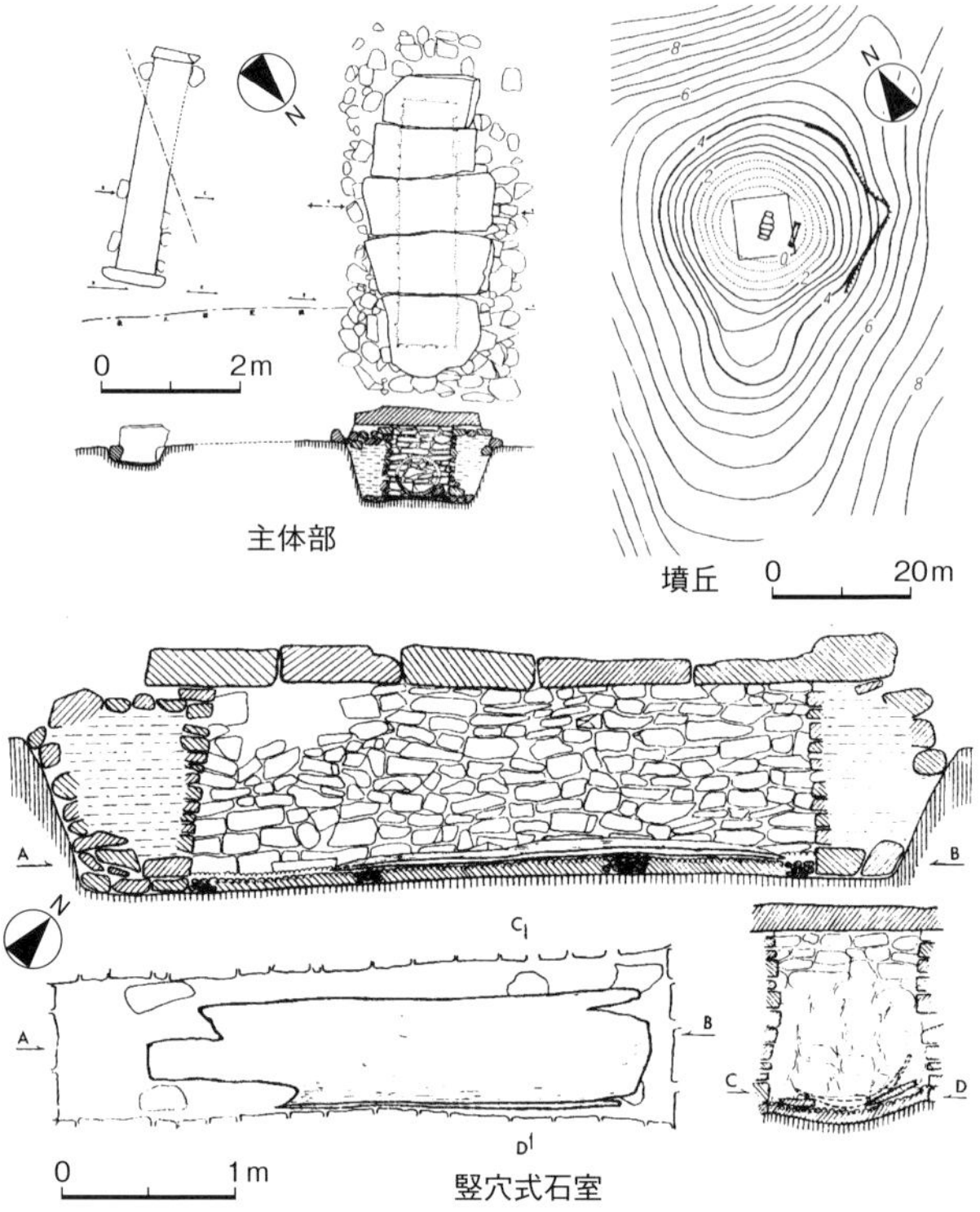

図54 ● 随庵古墳の墳丘と石室
足守川を見下ろす丘陵の先端に築かれた。帆立貝形古墳の墳頂部に2基の埋葬施設がある。中心主体は竪穴式石室で鉄器が多数出土した。吉備では5世紀代に前方後円墳は減少し、帆立貝形古墳の築造が活発になる。

図55 ● 鋲留の短甲（随庵古墳出土）
短甲は胴部をおおうよろいの一種で、肩甲（かたよろい）・草摺（くさずり）などをそろえて使用する。鉄板を張りあわせてつくり、5世紀中ごろに接合方法が革綴から鋲留へ変化する。

吉備の地へ渡来人が定着する背景には、朝鮮半島とのつながりをもった造山古墳の存在が大きいと思われる。渡来人がもたらした先進技術である鍛冶・製陶などの手工業生産は、吉備政権を支える重要な産業になったことだろう。

中・小古墳の築造状況

造山古墳周囲の丘陵には、いまは木々に埋もれてみえないが、法蓮古墳群のほかにも中・小古墳が数多く築かれている（**図51参照**）。それらはいくつか発掘されており、その内容が明らかにされている。造山古墳群をとり囲むように、五世紀前半につくられたこれらの古墳は、造山古墳群の築造にかかわった人びとのものと考えられる。

前池内《まえいけうち》古墳群では、丘陵尾根上に方墳三基（八〜一〇号墳）と多量の埴輪を含んだ幅五メートル以上の大溝が二本確認された（**図56**）。出土した遺物は、円筒埴輪・朝顔形埴輪のほか家形埴輪、盾形埴輪など形象埴輪を含んでいる。このうち八号墳は墳丘は削平され主体部は残っていなかったものの、円筒埴輪棺の破片が集中してみられた。この埴輪棺は復元高が約一六〇センチと大型品で、円筒埴輪の転用ではなく、当初から棺用として製作されたものと推測される。埴輪製作工人の埋葬に使用されたのかもしれない。

小造山古墳・折敷山古墳・新庄車塚古墳

造山古墳群周辺において、前方後円墳や帆立貝形古墳は三須丘陵北側エリアに集中する（図

51参照)。このうち最大規模の古墳は墳丘長一三五メートルの小造山《こつくりやま》古墳である。後円部径九二メートル、後円部高一二メートル、前方部幅八六メートル、前方部高九メートルである。後円部にのみ周溝をもつ。出土した埴輪の時期から五世紀中ごろとみられる。

小造山古墳の北には県下最大規模の方墳である折敷山古墳がある。一辺四四・五メートル、高さ四〜五メートルの規模で、周囲に幅七メートルの周溝がまわる。発掘調査で円筒埴輪のほか、各種形象埴輪が出土している。四世紀末〜五世紀はじめごろの築造とみられる。

また、小造山古墳と造山古墳のあいだに新庄《しんじょう》車塚《くるまづか》古墳がある。墳丘が削平されて残っていないが、その痕跡が水田の形状に残されている。それから推測すると、径五〇メートルほどの

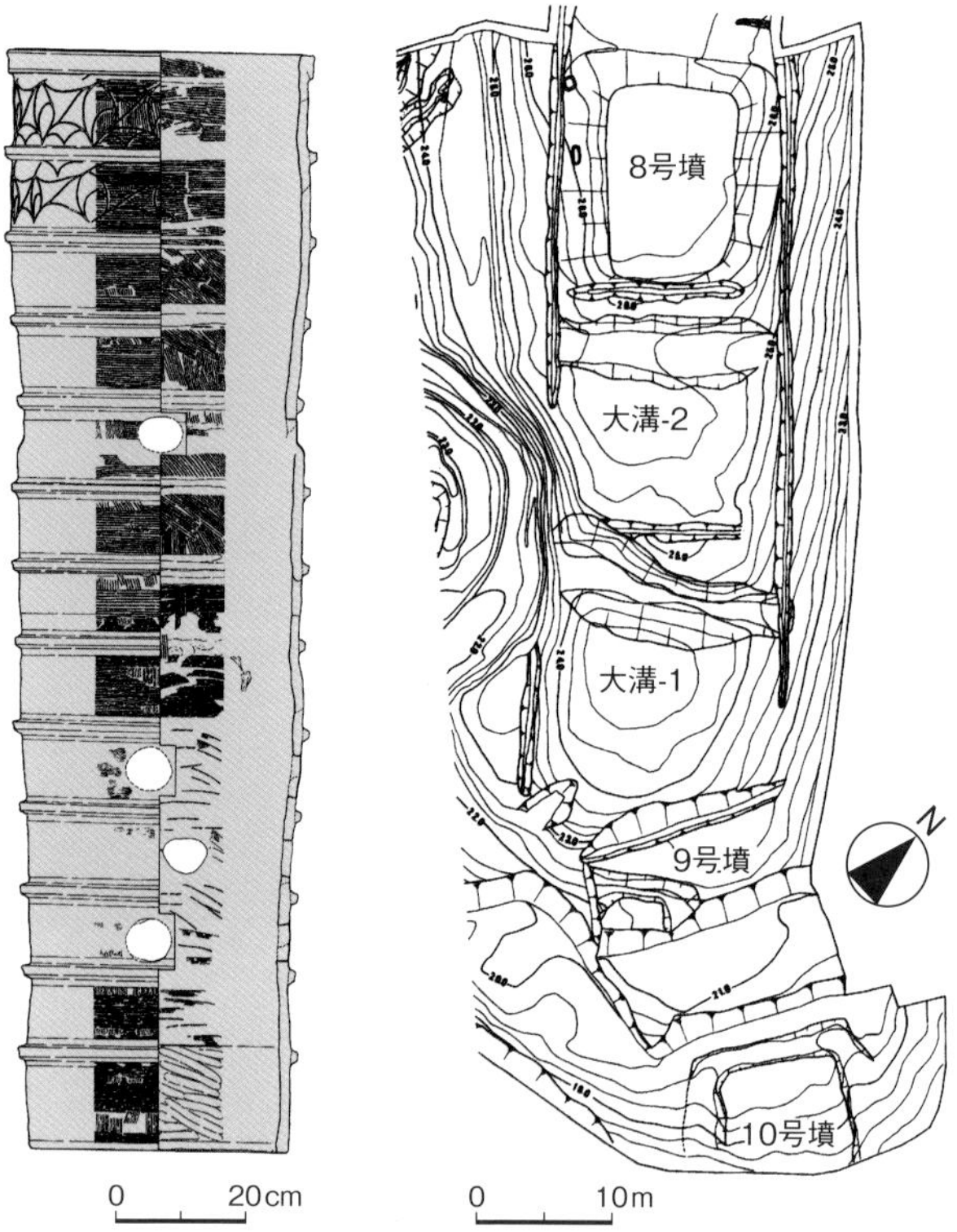

図56 ● 前池内古墳群と8号墳の埴輪棺
大型の埴輪棺をつくる技術は、造山古墳群に樹立された円筒埴輪の製作技術を背景とするのだろう。口縁部に粘土帯を貼る手法は、造山古墳の円筒埴輪にも観察される。

円丘に長さ二〇メートルほどの前方部が付属する。さらにその周囲に幅一〇メートルほどの周溝がまわる可能性がある。時期は五世紀後半とみられるが、時期の絞り込みは今後の課題だ。

中・小古墳の立地状況は、被葬者たちの吉備政権内における序列を反映しているように思われる。つまり、小規模な円墳・方墳は、造山古墳群から同心円状に離れて分布するということである。造山古墳とそのほかの古墳の立地関係は当時の社会関係を反映したものと推測される。

2　人・モノ・文化の交流

吉備と他地域のつながり

造山古墳群や周辺の遺跡からは、広域のネットワークをもつ吉備の指導者たちの姿が想像される。そのなかでとくに朝鮮半島と九州とのつながりが際立つ。こうした人や組織のつながりは吉備政権を支えた要素といえるだろう。このことについては第5章でもふれているが、ここではもう少し掘り下げてみていこう。

第1章で述べたように、造山古墳前方部にある石棺は阿蘇溶結凝灰岩製で、熊本県の宇土半島馬門が産地と考えられる。石棺のつくりも特徴的で、身はくり抜き式で内部の一方は枕状に少し高くつくられている。これは宇土半島に所在する鴨籠《かもご》古墳出土石棺と類似する（図57）。蓋の表面に直弧文が刻まれている点も共通している。この石棺の特徴や千足古墳第一石室の存在から、髙木恭二は、鴨籠古墳の被葬者と造山古墳群の被葬者との深いかかわりがあったことを指摘している。

千足古墳では第一石室、第二石室ともに板石をドーム状に積み上げた玄室をもつ。さらに第一石室では石障や屍床に天草砂岩を使用し、仕切石には直弧文などを浮彫で表現する。浮彫表現の直弧文は福岡県の石人《せきじん》山《さん》古墳や熊本県の長砂連《ながざれ》古墳と共通する。九州の職人が装飾に関係したことはまちがいない。

横穴式石室という最新の埋葬施設をみたことがない吉備の職人だけでは、これほどの石室はつくれない。石室の構築に肥後や北部九州の石室設計者が直接かかわったのだろう。九州との交流はたんにモノが移動しただけではない。石室の設計思想や直弧文に関する知識など、人や情報がダイナミックにつながる点が興味深い。

髙木恭二と西平孝史は、畿内で発明された直弧文が、その指導によって千足古墳で石室装飾に採用され、古墳づくりに参加した九州諸勢力が吉備との結びつきの象徴として九州各地の古墳に直弧文を加飾していく、という興味深い論を展開している。石棺・石障に描かれた各地の直弧文の文様構

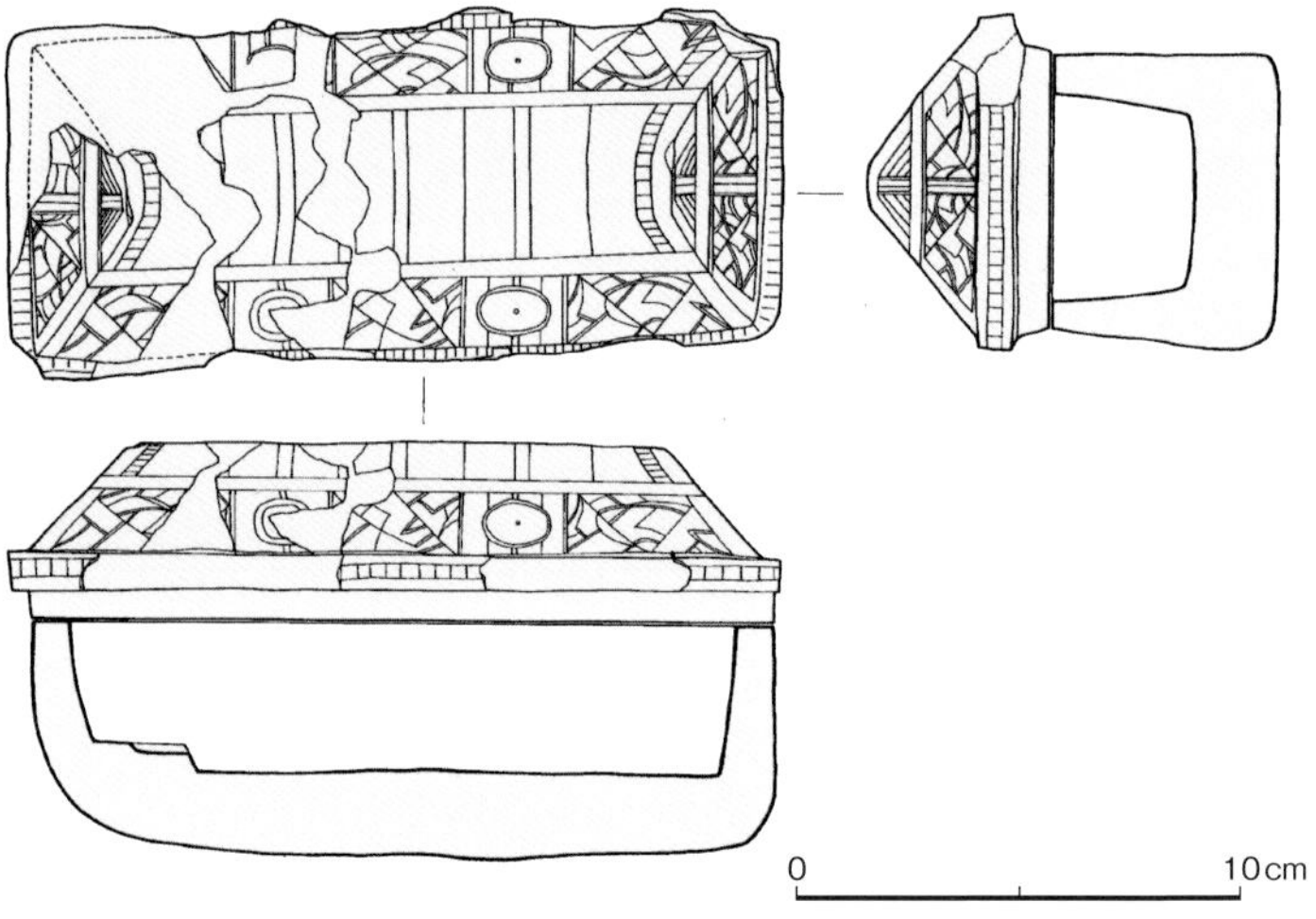

図57 ● 鴨籠古墳の石棺
宇土半島でつくられたくり抜き式の家型石棺で、阿蘇溶結凝灰岩製。棺底の一端が高くつくられ、蓋には直弧文が装飾される。石材や構造、蓋に直弧文を描く点が造山前方部石棺と共通する。

成、線刻方法の分析から、装飾古墳に描かれた直弧文のなかでもっとも古いのは千足古墳であり、その経験をもとに九州各地で、吉備との紐帯の象徴として直弧文による加飾が広まった、というのである。そして吉備とのつながりを介して、吉備の衰退後、倭王権と肥後（宇土半島基部勢力）が接近したとする。この説を聞いて、千足古墳の直弧文から倭王権や九州の勢力と結びついた吉備の姿がみえてくるのは私だけではないだろう。

3　造山古墳以後の吉備

吉備の大首長の系譜

造山古墳の築造後、五世紀中ごろ、造山古墳から約四キロ西に作山古墳が築造される（図58）。造山古墳と同じく三段築成で、丘陵を削り、一部に盛土を施す。墳長二八二メートルの巨大古墳であるが、造山古墳の規模から縮小し、同時期には畿内で大山古墳が築造されている。造山古墳の時代より格差が広がった感がある。周濠は確認されておらず、陪塚は付属しない。

造山・作山古墳周辺では六世紀以降、前方後円墳はこうもり塚古墳・江崎古墳が築造され、八世紀には備中国国分寺が造営される。古代山陽道に沿って、このほかにも古墳や重要遺跡が残されており、巨大古墳の築造以降もこの地域は吉備にとって特別な場所とされたようだ。

作山古墳の後、前方後円墳の築造が盛んなエリアは、備中南部から備前南部へ移行する（図7参照）。備前最大の前方後円墳、両宮山古墳は墳長が二〇六メートルあり、二重周濠をもつ

（図59）。その周辺には和田茶臼山古墳（墳長五五メートル、帆立貝形古墳）と森山古墳（墳長八五メートル、帆立貝形古墳）が築かれる。

　両宮山古墳以降、吉備において周濠が普遍化する。畿内の前方後円墳にならい、平地に立地し、周濠を備える姿は吉備の古墳が畿内の古墳スタイルに統一化されていくようだ。また、両宮山古墳の近くに築造された朱千駄《しゅせんだ》古墳から竜山石《たつやまいし》製の組合せ式長持形石棺が出土している。兵庫県加古川下流域で採取される凝灰岩竜山石は畿内の有力古墳の石棺に利用される石材である。一方、近くの小山《こやま》古墳には阿蘇溶結凝灰岩製の石棺がある。古墳のスタイル統一や規模の縮小、竜山石の利用は、吉備が倭王権にとり込まれていく姿をあらわしながら、小山古墳では石棺に阿蘇

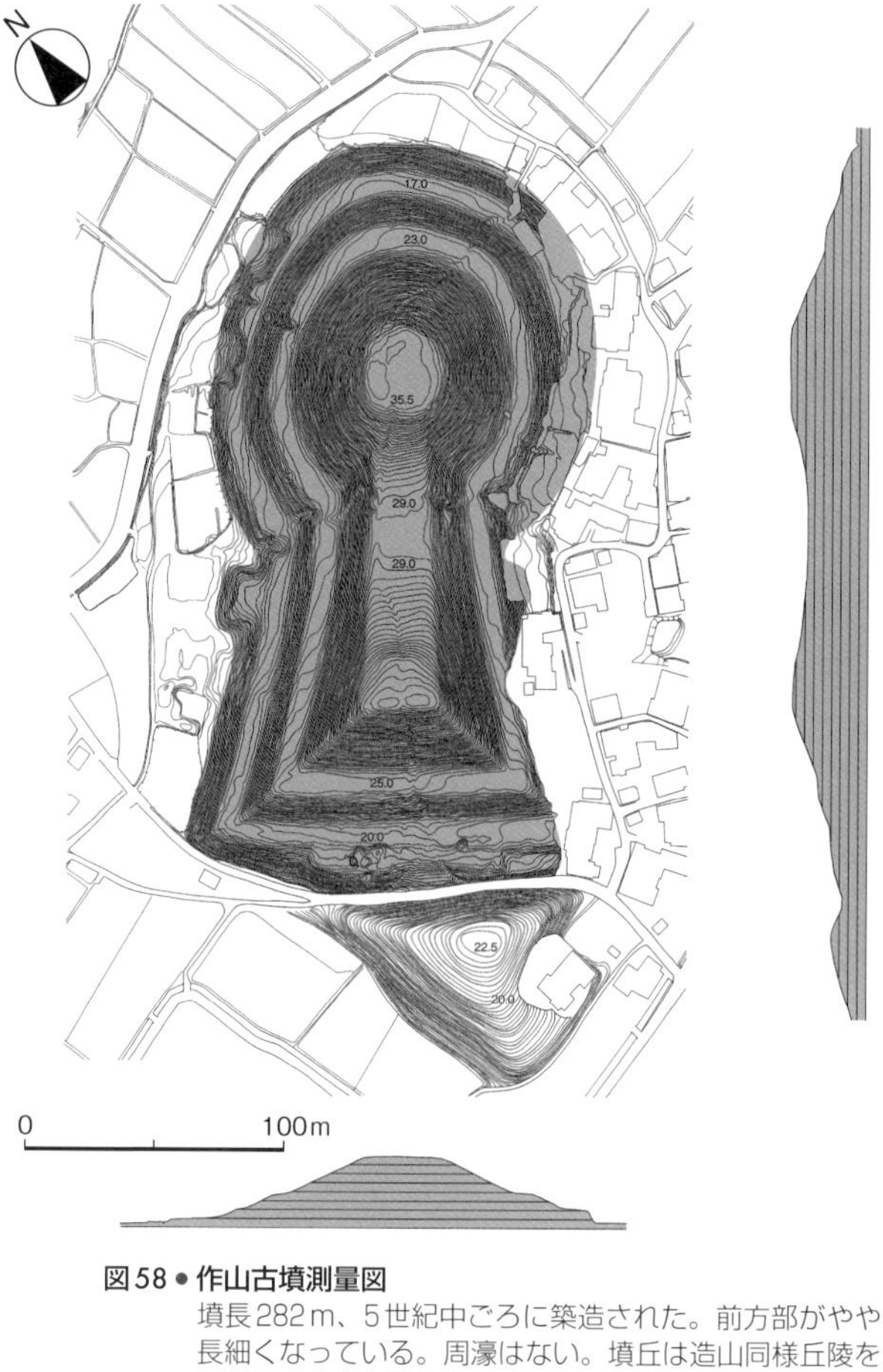

図58 ● 作山古墳測量図
墳長282m、5世紀中ごろに築造された。前方部がやや長細くなっている。周濠はない。墳丘は造山同様丘陵を切断して前方部前端を形成する。埴輪列や葺石をもつ。

溶結凝灰岩が使われるなど吉備のネットワークは両宮山の時代でも維持されているようだ。

4　これからの造山古墳群

果てしない保護と発掘

二〇一八年七月、豪雨が造山古墳に大きな被害を与えた。西日本豪雨である。墳丘が二カ所大きく崩れ、近隣の住宅に土砂が流入した。

造山古墳の墳丘は過去にも崩れたことがあり、測量図をみるとその痕跡がよくわかる。一度崩れたところはもろくなり、さらに崩壊する恐れがある。造山古墳の場合は、葺石や埴輪列を復元するような古墳の整備というよ

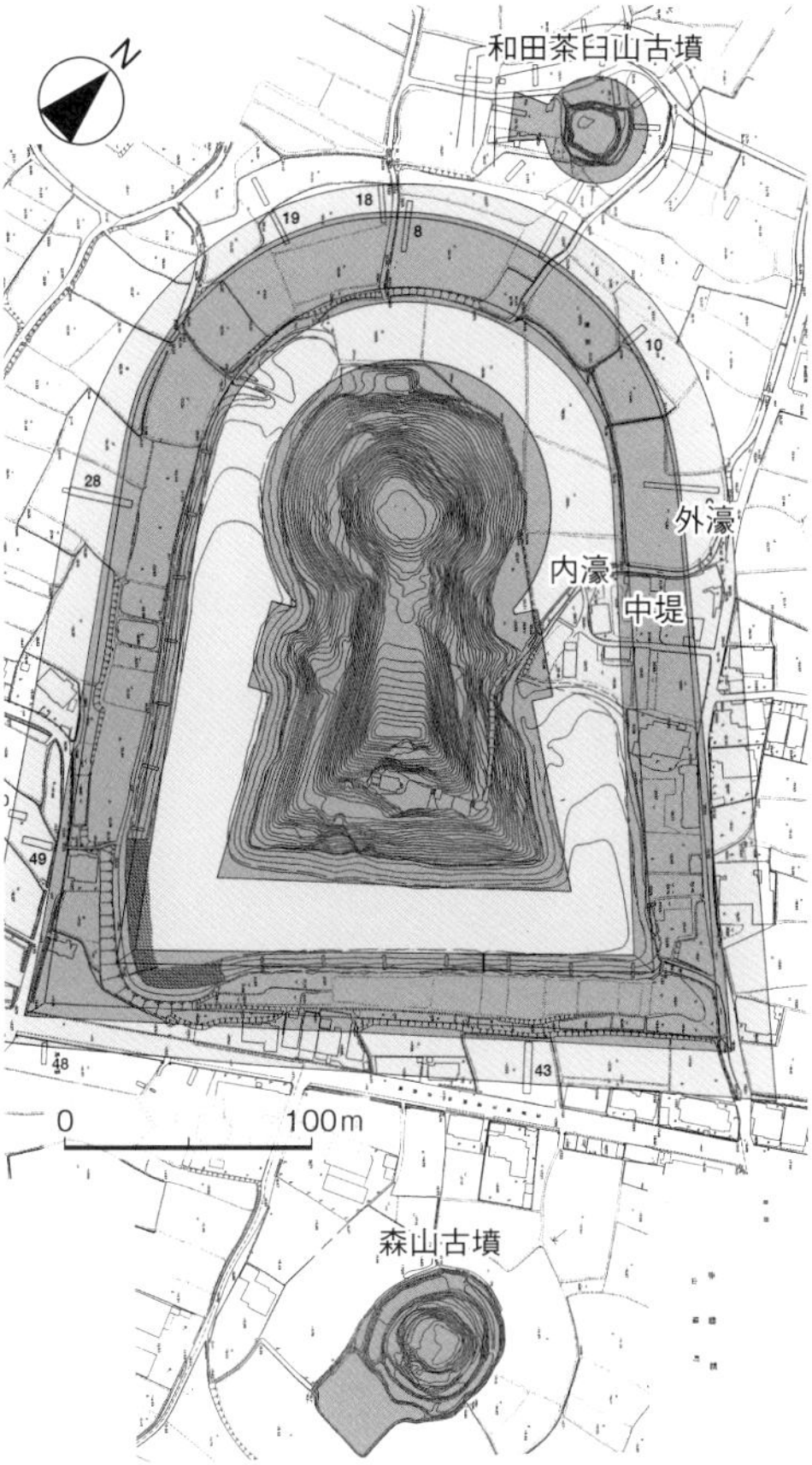

図59●両宮山古墳測量図
墳長206m、二重の周濠をもつ。5世紀後半の築造。周囲に2基の帆立貝形古墳がある。古墳の南を古代山陽道が通り、付近に2基の前方後円墳（小山古墳・朱千駄古墳）がある。

りも、これ以上傷つかないよう、失われた墳丘を元の形状に復旧する工事が求められる。

その工事には設計図が必要になる。造山古墳の発掘調査は元の墳丘の姿を知るため、設計図をつくるための基礎になる。本書を執筆している二〇二〇年現在も、造山古墳は発掘調査が進んでいる。発掘はあくまで遺跡の保護が第一なので、墳丘の規模や形状の把握が目的になる。造山古墳群全体をみわたしてみても、各古墳とも同じような課題を抱えている。古墳だけではなく、吉備の王が住んだ居館や多量の埴輪を焼いた窯もまだみつかっていない。発掘調査によって解明しなければならない課題は山積している。

発掘調査と並行して古墳の整備工事も進んでいる。現在、発掘調査によって墳丘の規模や形状が明らかになった千足古墳を築造当時の姿に復元する工事が進んでいる（**図60**）。岡山県内では初となる、本格的な整備となる。工事は半ばを過ぎ、

図60●整備工事中の千足古墳
発掘調査の成果をもとに墳丘をつくり、埴輪をならべる。石室には防水処置を施し、完成時には石室の見学ができるようになる。古代山陽道をはさんで右には、将来の整備を待つ第6古墳がある。

まもなく完成を迎える。見学者に築造当時の千足古墳の姿をみてもらうため、また、石室内への浸水を防ぐため、削平された墳丘を本来の高さまで盛土し、その上に埴輪列をならべる。そして墳丘内部には第一石室見学用の通路を備えているので、石室の見学が容易になることだろう。二〇二〇年四月には、造山古墳群のガイダンス施設「岡山市造山古墳ビジターセンター」がオープンした。多くの人が造山古墳に親しめる環境が整いつつある。

発掘とそれをもとにした保護のとり組みがいつ終わるのか、私にゴールはまだみえない。裏を返せば、吉備の超巨大古墳の周辺では、これからも人びとを驚かす発見やドラマに立ち会うことができるだろう。

直弧文の損傷とその対応というマイナス地点からはじまった事業だが、最初の発掘から一〇年をへてようやく造山古墳群を守り、本来の姿を知るための事業として軌道に乗りつつある。

図61 ● 吉備の王と築造中の造山古墳（想像図）
赤い蓋（きぬがさ）を差しかけられた人物（緑）が吉備の王である。左には靫を背負い完全武装した武人が描かれる。奥には築造中の造山古墳がみえる。巨大古墳の築造は被葬者の生前にはじまる。

参考文献

伊藤玄三　一九八四『直弧文』考古学ライブラリー二八　ニューサイエンス社

宇垣匡雅　一九九二「吉備の中期古墳の動態―使用石材の検討から―」『考古学研究』三九―三

岡山市教育委員会　二〇一四『史跡造山古墳　第一、二、三、四、五、六古墳保存管理計画書』

亀田修一　二〇一八「古墳時代中期の交流―中国四国地方を中心に―」『発表要旨集・資料集成　中期古墳研究の現状と課題　II　古墳時代中期の交流』中国四国前方後円墳研究会

寒川史也　二〇一五「尾上車山古墳の測量調査」『岡山市埋蔵文化財センター研究紀要』第七号

草原孝典　二〇一四「造山古墳の基礎的考察」『岡山市埋蔵文化財センター研究紀要』第六号

葛原克人・古瀬清秀編　二〇〇〇『吉備の古墳　下〈備中・備後〉』吉備考古ライブラリィ五　吉備人出版

櫻井久之　一九九九「直弧文の成立とその意義」『ヒストリア』第一六三号　大阪歴史学会

白石　純　一九九一「吉備地方の竪穴式石室石材の産地推定」『古文化談叢』第二四集　九州古文化研究会

白石太一郎　一九九九『古墳とヤマト政権　古代国家はいかに形成されたか』文春新書

白石太一郎　二〇一三『古墳からみた倭国の形成と展開』敬文社

髙木恭二　一九八六「鴨別と鴨籠」『Museum Kyusyu』第二一号　博物館等建設推進九州会議

髙木恭二・西平孝史　二〇一九「直弧文を有する古墳の始まりと、その後の展開」『熊本古墳研究』第七号　熊本古墳研究会

造山古墳蘇生会　二〇一九『造山古墳と作山古墳』吉備人出版

土屋隆史　二〇一五「伝榊山古墳出土の龍文透金具と鈴について」『千足古墳』岡山市教育委員会

新納　泉編　二〇一二『岡山市造山古墳群の調査概報』岡山大学大学院社会文化科学研究科

西川　宏　一九七五『吉備の国』学生社

広瀬和雄　二〇一九『前方後円墳とはなにか』中央公論新社

桃崎祐輔　二〇一六「日本列島の初期馬具」『発見・検証日本の古代II　騎馬文化と古代のイノベーション』KADOKAWA

安川　満　二〇一九「岡山：造山古墳・作山古墳・両宮山古墳―古墳時代中期吉備王権の性格―」『日本考古学協会二〇一九年度岡山大会研究発表資料集』日本考古学協会二〇一九年度岡山大会実行委員会

柳沢一男　二〇一四『筑紫君磐井と「磐井の乱」　岩戸山古墳』シリーズ「遺跡を学ぶ」〇九四　新泉社

和田千吉　一九一九「備中國都窪郡新庄下古墳」『考古学雑誌』九―一一

史跡　造山古墳群

・岡山県岡山市北区新庄下
・史跡は原則開放（工事中等は除く）
・交通　ＪＲ岡山駅から桃太郎線（吉備線）備中高松駅下車、徒歩で２・６キロ（約40分）、またはタクシーで約10分。車の場合、岡山自動車道岡山総社ＩＣから約10分。

現在整備工事中の千足古墳は立ち入りできないが、他の古墳は自由に見学できる。造山古墳駐車場に、千足古墳の石障仕切石の複製品が置いてある（天草砂岩を使用し、直弧文は損傷前の姿に復元。ただし正面と上面が赤く塗られている点は実物と異なる）。

岡山市　造山古墳ビジターセンター

・岡山市北区新庄下７８９
・開館時間　10：00～15：00
・休館日　月曜日、年末年始
・交通　同右

造山古墳駐車場にある。造山古墳の基本情報はここで知ることができる。造山古墳を構成要素に含む日本遺産『「桃太郎伝説」の生まれたまち　おかやま～古代吉備の遺産が誘う鬼退治の物語～』の情報発信をし、またボランティアガイドの活動拠点となる。

造山古墳ビジターセンター

岡山市　埋蔵文化財センター

・岡山市中区網浜８３４—１
・電話　０８６（２７０）５０６６
・開館時間　９：００～16：30
・休館日　日曜日、祝日、年末年始
・入館料　無料
・交通　ＪＲ岡山駅（東口）から路面電車【東山行き】「門田屋敷」下車、南へ徒歩20分。または岡電バス【新岡山港方面行き】「網浜中」バス停下車、徒歩５分。車の場合、山陽自動車道岡山ＩＣから約30分。

岡山市内の遺跡調査の拠点施設。出土品の整理復元・展示をおこなう。造山古墳群出土品の展示もある。毎年１月～３月のうち約２週間、千足古墳から取り上げた石障仕切石を期間限定で公開する。千足古墳第一石室の精巧なレプリカもここに展示されている。

岡山市埋蔵文化財センター

遺跡には感動がある

――シリーズ「遺跡を学ぶ」刊行にあたって――

「遺跡には感動がある」。これが本企画のキーワードです。

あらためていうまでもなく、専門の研究者にとっては遺跡の発掘こそ考古学の基礎をなす基本的な手段です。また、はじめて考古学を学ぶ若い学生や一般の人びとにとって「遺跡は教室」です。

日本考古学では、もうかなり長期間にわたって、発掘・発見ブームが続いています。そして、毎年厖大な数の発掘調査報告書が、主として開発のための事前発掘を担当する埋蔵文化財行政機関や地方自治体などによって刊行されています。そこには専門研究者でさえ完全には把握できないほどの情報や記録が満ちあふれています。しかし、その遺跡の発掘によってどんな学問的成果が得られたのか、その遺跡やそこから出た文化財が古い時代の歴史を知るためにいかなる意義をもつのかなどといった点を、莫大な記述・記録の中から読みとることははなはだ困難です。ましてや、考古学に関心をもつ一般の社会人にとっては、刊行部数が少なく、数があっても高価なその報告書を手にすることすら、ほとんど困難といってよい状況です。

いま日本考古学は過多ともいえる資料と情報量の中で、考古学とはどんな学問か、また遺跡の発掘から何を求め、何を明らかにすべきかといった「哲学」と「指針」が必要な時期にいたっていると認識します。

本企画は「遺跡には感動がある」をキーワードとして、発掘の原点から考古学の本質を問い続ける試みとして、日本考古学が存続する限り、永く継続すべき企画と決意しています。いまや、考古学にすべての人びとの感動を引きつけることが、日本考古学の存立基盤を固めるために、欠かせない努力目標の一つです。必ずや研究者のみならず、多くの市民の共感をいただけるものと信じて疑いません。

二〇〇四年一月

戸沢充則

著者紹介

西田和浩（にしだ・かずひろ）

1977年、愛媛県宇和島市に生まれる。

岡山大学大学院文学研究科修士課程修了。

現在、岡山市教育委員会文化財課副主査として造山古墳群の保存整備事業を担当。

主な著作 『千足古墳―第１～第４次発掘調査報告書―』（編著、岡山市教育委員会、2015）、『直弧文の世界』（編著、岡山市教育委員会、2015）、『超巨大古墳の時代』（編著、岡山市教育委員会、2016）ほか。

●写真提供（所蔵）
梅原章一：カバー・扉／岡山市教育委員会：図1・3・8・12（撮影 井上直夫・栗山雅夫：奈良文化財研究所）・14・16・17・18（撮影 井上直夫・栗山雅夫：奈良文化財研究所）・19・22・23・24・25（上）・26・27・28・29・30・31・32・34・35（上）・36・37・38・39（下）・43・53・60／宮内庁書陵部所蔵（岡山市教育委員会編 2015『千足古墳―第１～第４次発掘調査報告書―』）：図41・42（下）／岡山県教育委員会所蔵（岡山市教育委員会提供）：図52／総社市：図55

●図版出典（原図、一部改変）
図2・33・35（下）・40：岡山市教育委員会2014／図4：国土地理院20万分の1地勢図「岡山丸亀、高梁、姫路、徳島」／図5・20・21・25（下）・41・45：岡山市教育委員会『千足古墳』／図7：原案は安川満／図9：岡山市教育委員会『金蔵山古墳―範囲確認発掘調査報告―』／図10：寒川2015／図11：和田1919／図13：岡山市教育委員会『造山第４号古墳』／図15：岡山市教育委員会『造山第２号古墳』等／図42（上）：宮内庁書陵部所蔵（土屋2015）／図44：前原町教育委員会『釜塚』・宇土市教育委員会『ヤンボシ塚古墳・楢崎古墳』／図50：伊藤1984・櫻井1999／図51：国土地理院5万分の1地形図「岡山北部、岡山南部」／図54：総社市教育委員会『随庵古墳』／図56：『岡山県埋蔵文化財発掘調査報告89』／図57：『熊本県装飾古墳総合調査報告書』／図58：総社市教育委員会『作山古墳測量調査報告書』／図59：赤磐市教育委員会『両宮山古墳』／図61：岡山市教育委員会

上記以外は著者

シリーズ「遺跡を学ぶ」148
吉備《きび》の超巨大古墳　造《つくりやま》山古墳群

2020年 11月 1日 第1版第1刷発行

著　者＝西田和浩
発行者＝株式会社 新 泉 社
東京都文京区本郷2－5－12
TEL 03（3815）1662／FAX 03（3815）1422
印刷／三秀舎 製本／榎本製本

ISBN978－4－7877－2038－2 C1021

シリーズ「遺跡を学ぶ」

034
吉備の弥生大首長墓　楯築弥生墳丘墓
福本　明

日本列島の古代史に独特の光を放つ吉備。その中心地帯を望む小高い丘に、他の追随を許さない規模の弥生首長墓がある。遺構のくわしい調査と弧帯文石（こたいもんせき）などの特異な遺物を検討することにより、弥生の葬送祭祀と前方後円墳出現への道筋をさぐる。　１５００円＋税

055
古墳時代のシンボル　仁徳陵古墳
一瀬和夫

エジプトのクフ王のピラミッド、中国の秦の始皇帝陵など世界の巨大な墓に勝るとも劣らない大古墳・仁徳陵古墳（大山古墳）。そこにねむっているのは誰なのか。どのようにしてこの巨大な古墳はつくられたのか。現在わかっている資料をすべて検討し真の姿にせまる。　１５００円＋税

105
古市古墳群の解明へ　盾塚・鞍塚・珠金塚古墳
田中晋作

大阪府南東部に広がる大古墳群である古市古墳群は、古墳時代中期の畿内政権を探究する鍵と目されている。おもな大型前方後円墳の調査が制限されている現在、盾塚・鞍塚・珠金塚古墳のこれまでの調査成果の分析が、古墳群全体の解明への糸口を与えてくれる。　１６００円＋税

よみがえる百舌鳥古墳群——失われた古墳群の実像に迫る
宮川　徏

戦後開発で多くの古墳が破壊され、主要巨大古墳が天皇陵・陵墓参考地とされてベールに包まれたままの百舌鳥古墳群。地元堺市に生まれ育った著者が、みずからの調査と保存運動の体験から、空襲と大山古墳、戦後の破壊と保存運動、そして百舌鳥古墳群の全体像に迫る。　２５００円＋税